Thomas Bock

Pias lebt gefährlich

Anne Karo

Thomas Bock

Pias lebt gefährlich

Unter Mitarbeit von Gerhard Kemme

Die Deutsche Bibliothek – CIP-Einheitsaufnahme
Bock, Thomas:
Pias lebt gefährlich.
Unter Mitarbeit von Gerhard Kemme /
Thomas Bock. –
Bonn : Psychiatrie-Verl., 2000
(Edition Balance)
ISBN 3-88414-251-8

Psychiatrie-Verlag im Internet: www.psychiatrie.de/verlag

Originalausgabe
© 1. Auflage, Psychiatrie-Verlag, Bonn 2000
Alle Rechte vorbehalten.
Titelgestaltung: Ute Hüper und Hans Schlimbach, Köln,
unter Verwendung einer Postkarte von G. Kemme
Satz: Marina Broll, Dortmund
Druck und Bindung: WB-Druck, Rieden/Allgäu

INHALT

Pias' Geheimnis

Anhang

»*Ich kann in meine Träume hineingehen.*«
(Pias)

FIGUREN

Anton: kommt aus »geordneten Verhältnissen«, liebt aber mehr noch die Unordnung. Mag Sofie, macht sich aber Sorgen um Luise. Beobachtet ein Verbrechen und zieht seine eigenen Schlüsse.

Sofie: liebt Musik über alles, will wissen, warum Pias so lebt, kann besser fragen als antworten, will trotzdem nicht den Beruf ihrer Mutter und verliert fast eine Freundin.

Niklas: sportlich, aber leichtsinnig. Hat Organisationstalent. Manchmal an der Grenze der Legalität, leitet den Gegenangriff. Nicht auf den Mund gefallen. Kann alles beschaffen, was man braucht oder auch nicht.

Luise: hat eine tolle Stimme; ist aber dabei, sie zu ruinieren. Steht am Rande des Abgrunds. Taucht ab und wieder auf. Merkt erst nicht, was gespielt wird. Doch im richtigen Moment ist sie voll im Bilde.

Pias: Lebt auf der Straße, ist aber kein »Penner«. Ist verrückt und hat seine Gründe dafür. Hat kein Vertrauen mehr zu den Menschen, kann gut mit Tieren umgehen. Besitzt seine eigene Moral. Als die Vergangenheit ihn einholt, weiß er, was zu tun ist. Lebt gefährlich, aber lebt.

Frau Graf: Lehrerin für Erdkunde und Religion, sonst aber in Ordnung. Versteht mehr vom Leben, als man zunächst denkt. Hat auch eine bewegte Vergangenheit.

Und: Sofies Mutter, Niklas' Vater, Luises Bruder, Pias' Schwester, Polizisten, Rechtsradikale, Hundezüchter, ordentliche Bürger und solche, die auch vor Gewalt nicht zurückschrecken.

Neues Leben im alten Haus

Hausbesitzer unter sich

Leise hatte sich Anton davongestohlen. Niemand sollte ihn aufhalten. Und auf Ratschläge, was unbedingt noch für die Schule zu tun war, konnte er auch verzichten. Niklas wartete schon an der Fußgängerbrücke. Kurzer Handschlag. Ohne Eile und ohne Worte schlenderten sie über die Schnellstraße. In kürzester Zeit war eine Unzahl von Autos unter ihnen durchgerauscht, »gedröhnt« sollte man besser sagen. Aber Autos beobachten, wie in alten Zeiten, das war's nicht mehr. Kleine Stöcke runterwerfen, um zu sehen, wie weit sie geschleudert werden, auch nicht. Mensch, war das ein Drama gewesen. Die Eltern hatten sie fast zu Mördern abgestempelt. Wie leicht ein Unfall hätte passieren können! Wackersteine hatten sie durch Windschutzscheiben fliegen sehen statt staubtrockene Zweige. Ach, alte Kamellen.

Sie bogen ab in den Stadtpark. Die alte Villa stand etwas abseits. Früher mal idyllisch im Grünen gelegen, lag sie jetzt im Lärmpegel der Autobahn. Doch schön war sie immer noch. Und der Lärm sollte sie nicht stören. Umso weniger würde man von ihnen Notiz nehmen – und von ihrer Musik. Vor zwei Monaten waren Bagger gekommen. Anton und Niklas hatten das schöne alte Gemäuer schon zusammenkrachen gesehen. Doch nichts geschah. Vor zwei Wochen wurde dann ein Gerüst aufgebaut. Bis zu dem kleinen mit Efeu bewachsenen Türmchen hinauf. Wieder geschah nichts. Dann, vor dem vergangenen Wochenende, wurde alles sang- und klanglos abgebaut und eingeladen. Verärgert hatten die Bauarbeiter eingepackt. Und verschämt – so schien es fast – war der protzige Bagger auf den Tieflader gekrochen.

Die alte Villa stand da wie all die Jahre: stolz und unnahbar. Lässig kramte Anton eine Zigarette aus der Anoraktasche. Bisschen angebröselt. Macht nichts! Niklas' Feuerzeug klickte, ein tiefer Zug, dann weiterreichen. Die beiden waren sich schnell einig gewesen. Hier wollten sie Quartier aufschlagen. Hier endlich würden sie ungestört üben können. Und nicht nur das.

»Kommen Luise und Sofie auch?«

Niklas schüttelte den Kopf und Anton war etwas enttäuscht.

»Na, Alter, dich hat es ja ganz schön erwischt«, frotzelte Niklas.

Anton wehrte ab, konnte aber nicht verhindern, dass er ein wenig rot wurde. »Musst du gerade sagen«, gab er zurück. Doch Niklas war nicht nach Streiten zumute und nach langem Gerede über seine Gefühle für Luise schon gar nicht. So standen sie eine Weile schweigend da, pafften vor sich hin und schauten auf ihren »neuen Besitz«. Sie kannten sich schon lange, waren sogar schon zusammen eingeschult worden. Sie verstanden sich auch ohne lange Sätze. Das war ihre Stärke.

»He, sieh mal, wieso ist denn die Tür offen?«, Niklas zeigte beinahe empört auf die Eingangspforte. Am Wochenende war sie noch fein säuberlich zugenagelt gewesen. Mühevoll hatten sie die Bretter wieder befestigt, nachdem sie eingebrochen waren – wobei man das ja eigentlich kaum Einbruch nennen konnte. Und nun lagen die Bretter an der Seite, eine große Öffnung klaffte in der Wand. Niklas wirkte nervös. »Wenn uns nun jemand zuvorgekommen ist?«, blaffte er Anton an, als ob der was dafür konnte.

Anton versuchte ihn zu beruhigen: »Wenn du die blöden gelackten Typen von der Streberschule meinst; mit denen werden wir schon fertig.« Beide waren auf das als besonders streng bekannte Gymnasium aus dem Villenviertel nicht sonderlich gut zu sprechen.

Vorsichtig schoben sie sich zwischen den Brettern hindurch. Wieder waren sie beeindruckt von den großen Räumen im Erdgeschoss mit einer besonders hohen Decke, von der der Stuck hier und dort abbröckelte. Leise schlichen sie durch die einzelnen Räume. Hinter der herrschaftlichen Küche hielt Anton, der vorne ging, plötzlich inne und wies auf den Boden: Auf Altpapier ausgebreitet lag da ein alter Bundeswehrschlafsack. Über der Tür hing eine verschlissene Regenplane zum Trocknen. »Hier hat sich ein Penner breit gemacht«, sagte Niklas verärgert.

Anton wunderte sich über die Sicherheit, mit der Niklas seine Vermutungen anstellte. »Aber hier liegen gar keine Bierdosen, keine Zigarettenschachteln ...«

Niklas zog ihn zur Seite. »Der Typ muss verschwinden!«, zischte Niklas durch die Zähne.

»Aber im Moment ist doch gar keiner da.«

Das war eigentlich nicht mehr als eine sachliche Feststellung. Doch Niklas war nun sichtlich erregt: »Wenn der in unserem Kram rumwühlt, dann gibt's aber Ärger!«

»Welchen Kram denn, wovon redest du überhaupt?« Anton verstand seinen Freund nicht. Sie hatten das Haus doch selbst noch gar nicht richtig in Besitz genommen.

»Dem werde ich abgewöhnen, in fremder Leute Haus einzudringen.« Mit diesen Worten holte Niklas eine Bierdose aus seinem Parka, öffnete sie und kippte das Bier über den Schlafsack.

»Bist du bescheuert?«, Anton fiel ihm in den Arm, doch Niklas stieß ihn grob zur Seite. »Du spielst dich auf wie der letzte Arsch von Villenbesitzer.« Anton war sauer.

Niklas hatte sich jedoch plötzlich wieder beruhigt, als hätte das Bier seinen Zorn gelöscht. »Das ist jetzt unser Haus und Spione können wir hier nicht gebrauchen. Komm, ich zeig dir, worum es geht«, Niklas zog Anton zur Kellertreppe. In diesem Moment knirschten Schritte im Kies vor der Eingangstür. »Verflucht, da kommt der Typ.« Niklas und Anton schlichen sich ins Wohnzimmer, von dem aus man über eine große Terrasse in einen verwilderten Garten kam. Leise öffneten sie die Tür zur Terrasse. Niklas zischte leise: »Du rechts, ich links, wir treffen uns an der Tanke.« Dann rannte er los.

Anton kannte seinen Freund kaum wieder. Erst diese Wut, jetzt so viel Angst. Und ein Abgang, als hätten sie es mit einem übermächtigen Feind zu tun. Er kam sich plötzlich gar nicht wie ein Hausbesitzer vor, eher wie ein Eindringling. Doch seine Neugier war größer als die Unsicherheit. Leise stieg er die paar Stufen zum Garten hinunter, schlich ums Haus und näherte sich dem seitlichen Fenster. Von hier aus musste man in den »Schlafraum« sehen können. Nichts deutete darauf hin, dass dieser Raum einmal Schlafzimmer war, aber hier müsste der Schlafsack liegen. Vom Fenster aus hatte man einen Blick bis zur Eingangstür. Anton stellte sich auf einen Absatz am Kellerfenster, hielt sich am oberen Fensterbrett fest und zog sich langsam hoch. Seine Vorsicht schien unnötig. Der Mann, vor dem sie davongerannt waren, kauerte mit dem Rücken an der Wand auf dem Boden. Er hatte den Kopf gesenkt und hielt sich mit beiden Händen die Ohren zu. Lange graue Haare umhüllten ihn. Sein Gesicht war kaum zu sehen. Ein dichter Bart fiel in dieser Haltung auf die Brust. Er wirkte nicht wie ein Hausbesitzer, auch nicht wie ein mächtiger Konkurrent, den es zu vertreiben galt. Eher wie ein Flüchtling, der sich mit letzter Kraft gerettet hatte und seiner selbst nicht sicher war. Doch gleichzeitig war da noch etwas anderes. Obwohl der Mann sichtlich erschöpft dasaß, wirkte er nicht kraftlos. Und der lange Bart gab ihm sogar so etwas wie Würde. Unwillkürlich musste Anton an die Königsbilder im Geschichtsbuch denken. Allerdings wurden mittelalterliche Könige gewöhnlich nicht in Kauerstellung abgebildet, sondern hoch zu Ross.

In diesem Moment stand der Typ auf. Anton duckte sich. Doch die durchdringende, etwas schnarrige, aber nicht unangenehme Stimme erreichte ihn ohne Umstände: »Komm rein, hab dich längst gesehen.« Etwas betreten verließ Anton seinen Beobachterposten und ging zur Terrassentür. Wegzulaufen kam ihm nicht in den Sinn. Irgendetwas an dem Kerl zog ihn sogar an.

Dann standen sie sich gegenüber. Der andere war größer, als Anton vermutet hatte.

»Pias sieht alles.« Ein Satz wie ein Schuss. Sonst sagte er nichts. ›Pias. Pias? Was für ein Name?‹, schoss es Anton durch den Kopf, aber er traute sich kein Wort zu sagen. Dann krachte Anton der nächste Satz um die Ohren: »Ich mag kein Bier.« Mit einer kurzen Kopfbewegung wies Pias auf den Schlafsack. Anton wurde rot. Er war getroffen und wollte gerade noch eine Entschuldigung stammeln, aber ... »Bin nicht oft hier.« Das war Pias vierter Satz und offensichtlich sein letzter. Er packte seine Sachen. Das Gespräch war für ihn zu Ende. Der Typ schoss Sätze ab wie andere Leute Gewehrkugeln.

Anton war verwirrt. Dieser Pias war mehr als merkwürdig. Schwach und stark zugleich. Nicht nur, dass er ihn trotz aller Vorsicht sofort bemerkt hatte. Ohne eine Erklärung hatte er verstanden, worum es ging. ›Bin nicht oft hier‹, der Satz klang – trotz des Biers – versöhnlich. Der Typ war gewohnt, nicht willkommen zu sein. Doch nach Rückzug klang der Satz auch nicht. Es gab keinen Zweifel, dass er wiederkommen würde. Langsam und in Gedanken versunken ging Anton durch den Garten den Weg zurück, den sie gekommen waren. Nichts zog ihn zur Tanke. Niklas konnte ihm für einen Moment gestohlen bleiben. Der würde noch früh genug erfahren, wem er das Bier ins »Bett« gekippt hatte. Sollte er ruhig noch einen Moment schmoren und Schlachtpläne schmieden.

Am Ende der Adlerstraße traf er Sofie, die hier wohnte und gerade ins Haus gehen wollte. »Was ist denn mit dir los?«, begrüßte sie ihn.

»Haste 'n Moment Zeit?«

»Komm mit rein.«

Anton folgte der Einladung auf ein Glas Cola.

»Dug and cover«

Pias lehnte sich gegen die große Buche gegenüber der alten Villa und atmete tief durch. Lange hielt er es nicht aus in geschlossenen Räumen, auch wenn sie noch so groß und leer waren. Er hasste die Geräusche, die mit Gebäuden verbunden waren. Manchmal überfiel ihn der Lärm schon, wenn er durch die Tür trat, manchmal erst später. Aber diese Villa war nicht schlecht. Er hatte schon mehrere Nächte in ihr verbracht. Er würde wiederkommen.

Und die beiden Jungs? Pias war Ärger gewohnt. Meist kamen die Anfeindungen von Erwachsenen. Denen ging er aus dem Weg. Ausgerechnet Bier! Wobei war er den beiden in die Quere gekommen? Der eine Junge war zumindest nicht abgehauen. Er würde wiederkommen. Pias ging lieber vorwärts als rückwärts. Er würde schon noch erfahren, was mit dem anderen Jungen war. Wer wegläuft, hat ein schlechtes Gewissen.

Pias rasten die Gedanken durch den Kopf. Doch um ihn herum wurde es langsam ruhiger. Die mächtige Buche strahlte Ruhe aus. Pias liebte den Geruch des Waldes. Ein paar Tage würde er unterwegs sein. Wo war sein nächstes Depot? Pias kramte einen zerknitterten Plan aus der Westentasche. Niendorf, Winsen, Schwarzenbek, Norderstedt ... Hamburg war eingekreist. In jeder Himmelsrichtung gab es Fluchtpunkte. Das war die Hauptsache. Gib dem Feind keine Chance, dir in den Rücken zu fallen. Beweglich sein. Gedanklich dem anderen immer ein Stück voraus sein. Unabhängig bleiben. Sorgfältig planen. Wofür war er denn »Spisazer«-Jäger gewesen. Spione, Saboteure und Zersetzer hatte er jagen sollen, damals bei der Bundeswehr. Nun war er selbst der Gejagte. Klare Regeln hatte es damals gegeben. Pias würde sie nie vergessen. Auch nach seiner Zeit bei der Bundeswehr hatten sie sich bewährt. Überlebenstraining hatten sie geübt, damals. Das ganze Leben war ein Überlebenskampf.

Pias musste an die Zeit im Osten denken. Kurz nach der Wende hatte er sich im Wald von Ludwigslust zurückgezogen. Zwei Monate hatte er nur von Pilzen und Beeren gelebt. Keine Menschenseele. Die gegenerische Kompanie aus DDR-Zeiten, ewiger Gegenspieler sinnloser Militärübungen, war gerade aufgelöst. Aber angekommen war der Westen dort noch nicht. Die Mafia hatte das Land noch nicht unter Kontrolle. Hals über Kopf war er fort von hier – weg vom Lärm, raus aus der Enge. Er war geflohen vor den Waffen, vor den Drogen, fort von seiner Familie ...

Pias schüttelte sich, versuchte die finsteren Gedanken zu verscheuchen. Er war jetzt hier, lehnte an der mächtigsten Buche weit und breit, war also nicht allein. Er hob den Blick, richtete ihn auf die weit ausladende Krone und blinzelte in die sinkende Sonne. Dann gab er sich einen Ruck.

Pias wusste, was zu tun war. Jeder Handgriff saß. Schlafsack zusammenrollen. Klamotten schichten. Zeitungen verstauen. Er kam mit wenigen Hilfsmitteln aus: Klamotten schichten hieß, so viel anzuziehen, wie nachts im Freien nötig war. Zeitungen brauchte er, um »Platte zu machen«. Papier zusammenknüllen, das isoliert besser. Dann ein paar Schichten glatte Zeitung. Und als Schutz nach oben ebenfalls Zeitungspapier. Eine Nacht hält das immer, auch bei starkem Regen.

Und zur Not »dug and cover«: eine Mulde graben, am besten mit etwas Sand unten drin, dann Zweige und dann Zeitung. Oben drauf ebenfalls Zeitungspapier, aber zuletzt wieder Sand oder Erde. Da findet einen nicht mal der Förster.

Pias stand auf und ging noch mal durch die Räume.Eine Angewohnheit aus alten Zeiten: Er wollte prüfen, ob die Villa »sauber« war.

Erste Probe

Am nächsten Tag waren Niklas und Anton gemeinsam auf dem Weg zur Villa. Bis zur Autobahnbrücke hatten sie kein Wort gewechselt. Anton nahm Niklas immer noch übel, wie er sich in der Villa aufgeführt hatte. Und Niklas war sauer, weil Anton ihn gestern versetzt hatte. Als die Villa schon in Sichtweite war, brach Anton das Schweigen. Mit knappen Worten erzählte er von Pias. Seine Schilderung endete in einem klaren Ergebnis: »Der stört uns nicht, der wird nur selten da sein.« Dieser Satz schien Niklas zu beruhigen. Versöhnlich wandte er sich Anton zu, legte ihm einen Arm um die Schulter und bekannte: »Das mit dem Bier war blöd. Völlig unnötig. Ich geb's zu. Ich war in Panik. Erklär ich dir später. Okay?«

Anton schaute ihn von der Seite an. Er war erleichtert. Die geheimnisvolle Art von Niklas kannte er ja schon. Lange hielt der das ohnehin nicht durch. Bald würde er wissen, was los war.

Als sie näher kamen, sahen sie, dass die Mädchen schon da waren. Luise saß auf der Treppe und spielte Gitarre. Sofie lehnte an der Tür und sonnte sich. Antons Laune besserte sich schlagartig.

Gemeinsam eroberten sie ihr neues Reich. Niklas übernahm die Führung durch die Räume. Mit großer Geste pries er die Vorzüge der alten Bausubstanz und beschrieb die Funktionen der einzelnen Zimmer. Sein Vater war Makler. Mehr als einmal hatte er miterlebt, wie dieser Verkaufsverhandlungen führte. Beeindruckend, wie er sich dem unterschiedlichen Publikum anpasste. Dasselbe Haus erschien jeweils völlig anders. Von wegen Fairness und Wahrheit! Aber was war in diesem Fall schon wahr? Großzügig sahen sie über Mauerrisse und abgefallenen Putz hinweg, alberten ausgelassen herum und fühlten sich abwechselnd wie mittelalterlicher Hochadel und neuzeitliche Popstars. Von Pias war keine Rede mehr.

Mit derselben übertriebenen Gestik wie eben als Makler kündigte Niklas nun die Band an. Er war der geborene Show-Master, großspurig und unverschämt, jedenfalls auf den ersten Blick: »Ladies and gentlemen, now we proudly present the …« Die drei anderen schauten ihn erwartungsvoll an. »… The Anisolus!« Schon wollte er mit einem kräftigen Wirbel loslegen, aber …

»Die was?!«, stoppte ihn Anton.

»Na, die Anisolus, habe ich gerade zusammengereimt aus den Anfangsbuchstaben von Anton, Niklas, Sofie und Luise: Anisolus.«

Anton staunte; er war sich sicher, dass Niklas das wirklich mal eben aus dem Ärmel geschüttelt hatte.

»Das klingt aber doof«, wandte Luise ein, »man hört eher Amisolus: die einsamen Amis, das ist bescheuert.« Sie tüftelten nun mit Eifer an den Silben herum.

»Was haltet ihr von Nilusants«, schlug Anton vor.

Als er sie so als Pärchen vorstellte, wurde er ein wenig rot und schaute verschämt zu Sofie rüber. Doch die achtete nicht auf seine Hautfarbe, sondern lachte nur unbekümmert: »Nilusants, die Heiligen vom Nil, gar nicht schlecht!«

Anton strahlte.

»Oder Lunisants, die Mondheiligen«, schlug Niklas vor. Auch nicht schlecht, fanden die anderen. Doch Luise hatte genug von dem Silbenraten: »Jetzt lasst uns doch erst mal Musik machen.«

Gehorsam setzte sich Niklas hinter sein Schlagzeug, sofern man es schon Schlagzeug nennen konnte. Bisher hatte Niklas keine Zeit gehabt, sein »Sonor« herzuschaffen. Auch war ihm noch nicht klar, wer sich hier alles rumtreiben mochte. So hatte er sich erst mal Ersatz besorgt: Hier ein leerer Farbeimer, dort ein Plastikeimer und ein alter großer Einmachtopf. Und nun saß er konzentriert auf einer leeren Holzkiste und wartete auf seinen Einsatz.

Sofie und Anton griffen zu den Gitarren. Da es in der Villa keinen Strom gab, mussten sie erst einmal ihre alten Akustikgitarren nehmen. Und Sofies neuer Bass musste zu Hause bleiben.

»Mein Vater hat versprochen, uns einen alten Generator zu besorgen«, sagte Niklas zu Sofie.

Sofie erwiderte schnippisch: »Na, ob dann die Villa noch steht!«

Die anderen lachten und Niklas lachte mit. Alle wussten, dass das mit dem Generator dauern konnte. Niklas' Vater war ein viel beschäftigter Mann und seit der Trennung der Eltern vor drei Jahren nur noch selten zu Besuch.

Doch bei der ersten Probe im neuen Haus war das alles kein Problem. Unbeschwert legten sie los. Bald fetzten die Gitarren. Etwas blechern schepperte das Schlagzeug. Und Luises unnachahmliche Stimme hallte durch die leeren hohen Räume. Sie hatte einen irren Stimmumfang und – egal ob hoch oder tief – einen markanten, rauchigen Ton.

Luise war gut drauf. Ihre Augen blitzten, wenn sie Niklas den Einsatz vorgab. Und Niklas erwies sich als ein wahrer Meister seines »Instruments«. Er schaffte es im rasanten Tempo über die diversen Eimer zu fegen und dabei noch cool zurückzuflirten.

Knapp eineinhalb Stunden spielten sie ohne Pause. Einmal durch's Repertoire. Alle Stücke, die schon gut saßen – auch ohne Technik.

Sie träumten von großen Auftritten. Doch bis dahin war es noch ein langer Weg, nicht nur weil das Repertoire noch nicht reichte. Spätestens wenn Niklas' Schlagzeug zum Zuge kam, würden sie eine Gesangsanlage brauchen. Für ein richtiges Schulfest fehlte ein ordentliches Mischpult und ein weiterer Verstärker. Wie sollten sie das finanzieren?

»Wartet ab«, tönte Niklas geheimnisvoll. Für den Moment wollten sie alle ihre großartige Stimmung nicht durch nüchterne Überlegungen trüben lassen.

Schwarzes Pulver

Unerwarteter Besuch

Der Herbst schritt immer sichtbarer voran. Die Bäume verfärbten sich. Mit der Zeit bedeckten Blätter den Eingang und die Terrasse und sie wehten frech durch die kaputten Fenster. Anfangs war es den vieren gar nicht aufgefallen, dass fast alle Scheiben zerbrochen waren. Nun wurde es merklich kühler. Notdürftig dichteten sie einige Fenster mit Pappe ab oder vernagelten sie mit Holzlatten. Noch konnte man sich warm spielen. Pias war wohl einige Male im Haus gewesen, aber sie begegneten ihm kaum. Er blieb unauffällig, scheu wie ein verwundetes Tier – dieses Bild hatte Luise geprägt. Ihr war auch aufgefallen, dass Pias nie zweimal hintereinander im Haus übernachtete. Die beiden Mädchen hatten sich anfangs vor Pias geekelt. Er stank bestialisch, fanden sie. Er schien sich nicht zu waschen. Wo auch, meinten die Jungen. Die Leitungen im Haus waren jedenfalls abgestellt. Ansonsten beachteten sie »ihren Mitbewohner« nicht weiter. Vor allem Niklas ging Pias aus dem Weg. Sein merkwürdiges Verhalten war nie mehr Thema gewesen. Anton hatte auf Niklas Wunsch alles für sich behalten und wartete selbst geduldig auf eine brauchbare Erklärung für das merkwürdige Verhalten seines Freundes. Da brachte unerwarteter Besuch neue Unruhe.

Sofie und Luise übten gerade neue Akkorde. Anton und Niklas redeten über die Notwendigkeit von Lightshows und das bevorstehende Sylvester. Sie wollten »gigantisch« feiern.

»Ihr habt doch den totalen Knall, jetzt schon Sylvester zu planen«, rief Sofie aus dem Hintergrund.

Doch Niklas schwärmte weiter von Rezepten für selbst gebaute Knaller. »Komm, ich zeig dir, was ich schon habe.« Niklas zog Anton von der Matratze, die beim letzten Sperrmüll abgefallen war, und wandte sich zur Kellertreppe.

Plötzlich hörten sie ein Auto vorfahren. Räder knirschten auf dem Kies in der Einfahrt. Die Jungen lugten durch den Bretterverschlag im Küchenfenster. »Scheiße, Bullen!«, stellte Anton fest. »Was wollen die denn hier?«

Niklas wurde bleich.

»Vielleicht kommen die wegen Pias«, meinte Anton. Doch seine Worte schienen Niklas nicht zu erreichen. Anton bemerkte eine ungewöhnliche Nervosität und musste unwillkürlich an ihre erste Begegnung mit Pias denken. Doch für eine Flucht war es schon zu spät. Kräftige Schritte näherten sich, dann zwängten sich zwei Uniformierte durch die Plastikfolie, mit der sie den Eingang abgehängt hatten.

»Das hat mir bestimmt dein Pias eingebrockt«, zischte Niklas Anton zu.

»Wie meinst du das denn?«, fragte der zurück. Doch bevor Niklas antworten konnte, waren die Beamten schon im großen Wohnzimmer, das sie zum Üben nutzten: »Was treibt ihr denn hier?« Die Frage klang gar nicht besonders unfreundlich. Doch Niklas, der sonst nie um eine Antwort verlegen war, brachte keinen Ton heraus. Darüber war Anton, der seinem Freund gerne das erste Wort überließ, so erstaunt, dass er ebenfalls nichts sagte.

»Wir machen hier nur ab und zu Musik«, antwortete Luise.

»Hier stören wir wenigstens niemanden«, ergänzte Sofie.

Der ältere der beiden Beamten winkte ab: »Wir kommen nicht wegen euch, oder seid ihr manchmal auch nachts hier?«

»Nein, länger als bis 22 Uhr sind wir nie hier. Dann müssen wir sowieso zu Hause sein«, antwortete Sofie brav. Das stimmte zwar nicht ganz, aber doch fast. Sofie wunderte sich. Was suchten die? Ging es um den Penner, von dem Anton kurz erzählt hatte?

»Der Förster des Geheges hinter dem Haus hat hier mehrmals nachts merkwürdige Gestalten gesehen. Sind bis vor das Haus gefahren, vermutlich mit einem blauen Kombi. Wir wollten mal nachsehen, was hier so los ist … Na, Auto fahrt ihr ja sicher noch nicht.«

Einen Moment lang sagte niemand etwas. Niklas war immer noch ganz bleich und rieb sich aufgeregt die Hände. Anton, der direkt neben ihm stand, wunderte sich immer noch, fand aber immerhin seine Sprache wieder: »Manchmal übernachtet ein Penner hier, aber nur ganz selten. Und 'nen blauen Kombi fährt der bestimmt nicht.« Die Beamten lachten. Gleichzeitig musste Anton an die erste Begegnung denken: War Pias ein Flüchtling? Oder ein untergetauchter Spion? Sicher kein König, aber vielleicht einer, der früher mal sehr einflussreich war …

Die Polizisten sagten nur: »Passt auf, dass euch nichts geklaut wird!« Ansonsten schienen sie kein besonderes Interesse an Pias zu haben. Sie wandten sich schon zum Gehen. Doch da stoppte der ältere noch mal und sagte zu seinem Kollegen: »Komm, wenn wir schon mal hier sind, dann lass uns doch wenigstens einmal durchs Haus gehen und sehen, ob wir etwas Verdächtiges finden.«

Der andere nickte.

»Wonach suchen Sie denn eigentlich?«, fragte Luise.

»Das wissen wir selbst nicht genau. Drogen, Diebesgut, Waffen … Vielleicht ist hier ja auch gar nichts«, antwortete der jüngere.

»Nun halt keine Vorträge!«, unterbrach ihn der andere. Sie teilten sich auf. Der eine ging nach oben, der andere suchte im Erdgeschoss und im Keller.

Niklas drehte sich von Anton weg und sah Luise an.

»Nun sag schon endlich, was los ist!«, flüsterte Anton. Doch da kamen die Beamten schon wieder zurück. Das Haus war zwar groß, aber leer. Die Durchsuchung dauerte also nicht lange.

»Was ist denn mit dir, du guckst so erschrocken. Ist was?«, sprach der jüngere Polizist Niklas an.

»Nein, nein, mit mir ist nichts, alles in Ordnung.«

»Der hat keinen guten Tag heute, wir haben 'ne Mathearbeit geschrieben«, kam ihm Luise zu Hilfe.

»Na, 'ne Mathearbeit verhaut doch jeder mal«, meinte der Beamte und ging hinter seinem Kollegen her Richtung Ausgang. An der Tür drehte er sich noch einmal um: »Macht keinen Unsinn. Offiziell dürft ihr nicht hier sein. Aber wenn ihr euch anständig benehmt, schmeißt euch auch keiner raus ...«

»Vielen Dank«, sagte Sofie noch. Aber da waren die beiden schon verschwunden.

»Sag mal, was wird hier eigentlich gespielt?«, fauchte Anton Niklas an.

Niklas lehnte bleich am Türpfosten: »Ich hab ein kleines Lager angelegt, wollte Geld verdienen für eine vernünftige Anlage.«

»Was für ein Lager?«

»Ach, nur Zigaretten, Alk, CDs ... alles mögliche. Nur zum Verscheuern.«

»Geklautes Zeug?«, ging Sofie dazwischen.

»Und was hat Pias damit zu tun?«, fragte Anton weiter.

»Ich dachte zuerst, der hätte mich verpfiffen.«

»Und du wusstest natürlich auch davon?« Sofie sah Luise an.

»Niklas hat das doch für uns gemacht, damit wir endlich professionell auftreten können. 150 Mark haben wir schon.«

Luise wusste also Bescheid und er hatte keinen blassen Schimmer. Sein bester Freund teilte Geheimnisse offenbar nicht mehr zuerst mit ihm. Dieser Gedanke ließ bei Anton so etwas wie Eifersucht aufkommen.

Niklas unterbrach ihn mit einer längeren Erklärung und die Geschwindigkeit seiner Sätze ließ ahnen, unter welcher Anspannung er gestanden hatte: In verschiedenen Geschäften hatte er Waren mitgehen lassen, um sie auf dem Schulhof oder auf Flohmärkten zu verkaufen. Außerdem Schwarzpulver aus dem Chemieunterricht für Raketen in der Sylvesternacht. Ihn, Anton, habe er ja einweihen wollen, aber dann sei Pias dazwischengeplatzt.

Er sei aber auch unsicher gewesen, ob er, Anton, etwas dagegen gehabt hätte. Niklas sah Anton an. Der zögerte mit seiner Antwort. Immerhin, der Freund suchte nach einer Erklärung. Doch die letzte Bemerkung verwirrte ihn: Wäre er dagegen gewesen oder dafür? Klar, sie brauchten Geld für einen Verstärker. Aber so? Der Zweck heiligt nicht die Mittel, auch nicht in diesem Fall. Im Inneren wusste er, dass es so nicht ging, aber ...

Luise wartete nicht auf Antons Antwort: »Wo ist das Zeug jetzt?«

Niklas zuckte mit den Schultern. Er ging mit den anderen in den Keller. Der Keller war leer. »Pias – das war Pias«, sagte er. Diesmal klang seine Stimme überhaupt nicht aggressiv wie eben noch, eher erstaunt.

Pias verpfeift niemanden

Niklas, Anton und Sofie befanden sich auf dem Weg zur Villa, diesmal nicht um Musik zu machen, sondern um Pias zu treffen. Luise hatte bemerkt, dass er oft freitags spätabends noch kam. Sie selbst hatte keine Lust gehabt mitzukommen. Sie habe Wichtigeres zu tun. Keiner hatte nachgefragt. Niklas war es eher recht, dass sie nicht mitkam. Sie schien ohnehin nur interessiert, das Zeug wiederzubekommen, und das war nicht sein Interesse. Ausführlich hatte er mit Anton darüber gesprochen. Anton hatte recht. Nicht um jeden Preis. Musste der Verstärker eben noch etwas warten. Dann hatte Sofie vorgeschlagen, dass sie sich das Teil gemeinsam zu Weihnachten wünschen könnten. Auch ohne Luise, die war zurzeit nur scharf auf Geld.

Die Dämmerung war schon weit vorangeschritten, als sie vom Waldweg zur Villa abbogen. Schweigend schritten sie auf das

Haus zu. Erst jetzt fiel ihnen auf, wie kunstvoll und großzügig diese Auffahrt einmal gewesen sein musste. Als sie das Haus betraten, merkten sie gleich, dass Pias da war. Ein strenger Geruch drang bis in den Flur. Sie traten in die Tür des »Schlafzimmers«, wie sie Pias Raum nannten. »Was wollt ihr noch hier?« Pias Stimme war brummig wie immer. Bei ihren wenigen Begegnungen waren selten mehr als zwei, drei Sätze gefallen. Pias legte keinen Wert auf Gesellschaft, das war offensichtlich. Und auch sie waren sich selbst genug gewesen. Unwillkürlich waren sie sich aus dem Weg gegangen.

»Ich wollte mich nur bedanken«, Niklas hatte sich nicht mit den anderen abgesprochen, selbst aber genau überlegt, was er sagen wollte.

Pias blickte auf. Einen Moment Stille. »Ist schon gut«, brummte er und fummelte weiter an seinem Schlafsack herum. Anton musste an das Bier denken; die erste Begegnung war erst wenige Wochen her. Pias hatte sich auf seinem Lager niedergelassen. Eine unmerkliche Geste ließ auch die drei niederkauern, mit dem Rücken an der Wand, Niklas am nächsten zu Pias. »Depots in der Nähe sind gefährlich«, sagte Pias unvermittelt. Keiner verstand so recht. »Pias verpfeift niemanden«, ließ der sich erneut vernehmen und wieder folgte eine lange Pause. Damit war Gewissheit, was Niklas längst geahnt hatte. Pias hatte ihn nicht nur nicht verpfiffen, er hatte das Diebesgut beiseite geschafft, um ihn zu schützen. Niklas schämte sich wegen seiner falschen Verdächtigung. Da erklang Pias knarrige Stimme erneut: »Gehört alles nicht ins Haus hier: Zigaretten und Alkohol, alles Gift ... Schwarzpulver, ein Scheiß-Zeug ... Eure Musik ist besser ohne Technik.« Die scheinbar zusammenhanglosen Sätze schienen eher unwillig aus seinem Mund zu stolpern. Die Pausen dazwischen ließen Zeit, sie zu verdauen.

Pias bezog sich offenbar auf das, was er gefunden hatte, gab seine eigene Einschätzung zum Besten: Alles wertloses Zeug! Er wollte es offenbar nicht in einem Haus haben, in dem er sich selbst aufhielt, wenn auch nur selten. Und niemand wagte mehr zu widersprechen, geschweige denn zu fragen, wo der Krempel überhaupt hingekommen war.

Nach einer Weile erklang Pias Stimme erneut, diesmal seltsam verändert, tiefer und ruhiger: »War lange bei der Bundeswehr, weiß Bescheid«, er kramte in seiner Tasche und fingerte zwei völlig abgegriffene Automatenfotos heraus. Die reichte er Niklas, der sie ansah und weitergab. Das eine zeigte Pias, wie er jetzt war: langer Bart, lange Haare, zerzaust und ungepflegt. Auf dem anderen ein Mann mit kurzen Stoppelhaaren, glatt rasiert und gepflegt, mit Uniform und Rangabzeichen. Nur die klaren Augen und die gerade Nase zeigten, dass es sich um denselben Menschen handelte. »Beides Pias!«, verkündete er mit leichtem Stolz in der Stimme. »Kompanieführer war ich, Spisazer-Jäger. 150 Mann hörten auf mein Kommando. Auf der Autobahn eine Kolonne von fünf Kilometer Länge ...«

Die drei staunten: So verschieden konnte derselbe Mensch aussehen. Doch Würde strahlte er auf beiden Bildern aus. ›Kein König‹, schoss es Anton durch den Kopf, ›aber immerhin Kompanieführer ...‹

Nun mischte sich Niklas ein, wollte auch etwas wissen: »Was macht eigentlich ein Spisazer-Jäger?«

»Jagen.« Pias antwortete nur mit diesem einen Wort, mehr war nicht aus ihm rauszukriegen. Er verstummte und sank in sich zusammen, als sei er von den ungewohnt vielen Sätzen erschöpft. Es sah fast so aus, als wolle er in seinen eigenen Erinnerungen verschwinden. Anton wurde verlegen, wusste nicht, ob er etwas sagen sollte, und blickte die anderen an, die auch unruhig zu werden schienen. Da räusperte sich Pias und rief aus tiefer Versenkung auftauchend so laut, als müsste er einen ganzen Kasernenhof beschallen: »Sprengstoff gehört nicht in die Hand von Kindern!!« Die drei zuckten zusammen. Niklas berappelte sich als Erster. Seinen Gedanken, dass Schwarzpulver ja nun kein Nitroglyzerin sei, schluckte er runter. Pias wirkte so aufgebracht, dass er ihn nicht weiter reizen wollte. Er stand nur auf, sagte »Trotzdem danke!« und wandte sich zum Gehen. Die anderen beiden folgten.

Draußen fielen sie unwillkürlich in einen leichten Trab. »Ein verrückter Typ«, murmelte Niklas, als sich ihr Tempo kurz vor der Autobahnbrücke verlangsamte.

»Er hat dir eine Menge Ärger erspart«, wandte Sofie ein. Niklas nickte.

»Was er wohl mit dem Zeug gemacht hat«, fragte Anton mehr sich selbst als die anderen.

»Ich will's nicht mehr haben.« Niklas meinte es ernst. Nur um das Schwarzpulver tat es ihm Leid.

»Ich glaube, das weiß er«, vermutete Sofie, »aber unheimlich ist er mir doch, wenn er plötzlich so laut wird.«

»Ob der wirklich Kompanieführer war«, wollte nun Niklas wissen und wandte sich an Anton: »Frag doch mal deinen Alten, was ein Spisazer-Jäger ist. Dann wissen wir, ob Pias spinnt oder ob er weiß, wovon er redet.« Aber eigentlich zweifelte niemand an Pias Glaubwürdigkeit.

»Ich frag mich, warum der Penner geworden ist. Auf dem einen Bild sah er doch ganz ordentlich aus.« Sofie sprach aus, was alle drei beschäftigte.

Grinsende Löwen

Pias hatte gar nicht bemerkt, dass er wieder allein war. Seine Gedanken waren weit zurückgewandert: Pias im Jeep mit blauer Flagge. Zehn Schützenpanzer hinter sich. Motoren dröhnen. Ketten rasseln über den Asphalt. Kolonne fahren auf der Autobahn. Alle hören auf sein Kommando. Dann Übung im Gelände mit scharfer Munition. Zerfurchte Felder, fluchende Bauern. Schüsse auf Pappkameraden. Großes Kaliber. Dann Auswertung auf dem Schießplatz.

Seine Gedanken rasten nun wie Geschosse: Auswertung. Patronen zählen. Große Munition fehlt. Leute zusammenscheißen. Wo habt ihr die abgelassen? Wenn die jemand findet ...

Pias war unwillkürlich laut geworden, hielt sich dabei die Ohren zu, als würde er selbst zusammengestaucht, erschrak nun, weil er die eigene Stimme nur noch lauter hörte. »Wo ist die Munition?«, brüllte er durch die Villa, »wenn nun ein Kind die findet!«

Seine Phantasie raste nun auf fester Spur und er kannte das Ziel nur zu gut: Kinder auf dem Feld. Patronen mit Steinen bearbeitet. Munition ins Feuer geworfen. Egal, wie. Explosionen, Schreie, zerfetzte Glieder ...

Jetzt hielt sich Pias auch die Augen zu, als könnte er auf diese Weise die Bilder bannen. So eingeklemmt in seine eigenen Arme kauerte er mehrere Minuten, dann kam er allmählich wieder zur Ruhe. Mühsam gelang es ihm, Luft zu holen; mit dem Atem kehrte die Wirklichkeit in seinen Körper zurück: Er saß in einem zugigen Haus und fror, die Luft war kälter geworden. Ein neuer harter Winter stand ihm bevor. Ohne festen Wohnsitz, wie man so sagt. Nichts war passiert damals! Seine Gedanken hatten verrückt gespielt, damals schon. Immer wieder hatte er kleine Pannen nur mit Mühen verkraftet, hatte Katastrophen beschworen, wo andere nicht einmal Gefahren ahnten. Langsam hatte ihm gedämmert, dass er nicht die Nerven hatte für diesen Beruf. Zu lange war er dabeigeblieben, zwölf Jahre insgesamt, eine halbe Ewigkeit. Als er aufhörte, war seine Tochter vielleicht so alt gewesen wie das Mädchen, das eben da war. Pias war nun wieder in der Gegenwart angekommen.

Jetzt erst kam ihm zu Bewusstsein, dass sich der eine Junge bei ihm bedankt hatte, sein Dank ihm gegolten hatte. Er hatte dem Jungen geholfen. Ohne sein Eingreifen hätte der jetzt viel Ärger am Hals, würde ziemlich im Schlamassel stecken. Pias löste sich aus der zusammengekauerten Haltung, zog den alten Bundeswehrschlafsack über sich zusammen und entspannte sich. Langsam machte sich ein merkwürdiges Gefühl in ihm breit, das er kaum noch kannte: Zufriedenheit. Fast ein bisschen Glück. Pias ließ sich hineingleiten, grinste breit gegen die Zimmerdecke. Die Stucklöwen grinsten zurück. An dieses Zimmer hatte er sich fast schon gewöhnt. Fast jede Woche war er nun einmal hier, meist freitags. So eine Regelmäßigkeit hatte es lange nicht gegeben. Wieder kicherte Pias in sich hinein, wie über einen gelungenen Scherz: Pias lebt regelmäßig.

Er dachte an die beiden Jungen. Der eine, dem er geholfen hatte, der machte jede Menge Unsinn, auf den musste man aufpassen. Der andere war eher brav, war damals nicht weggelaufen. Mutig und schüchtern zugleich war er gewesen, hatte standgehalten und doch kaum einen Ton rausgebracht. Der war ihm ähnlich.

Er selbst war früher auch brav gewesen. War immer hinter seiner Schwester hergelaufen, hatte an ihrem Rockzipfel gehangen. Bis dann ... »Halt, Pias, halt!«, rief er nun wieder laut. Nicht weiter. Auf keinen Fall weiterdenken. Alles geht sonst wieder los. Die Vergangenheit drohte ihn zu packen. Doch weil er guter Dinge war, gelang es ihm, die Erinnerungen zu stoppen. Pias atmete auf. Dünn war das Eis, verdammt dünn. Er musste höllisch aufpassen, wollte er nicht dauernd einbrechen. Sein Blick hielt sich erneut an den Stucklöwen fest. Merkwürdig, dass er es hier aushielt. Geschlossene Räume immerhin. Na, nicht ganz. Pias war nun wieder bei sich angekommen: Nein, geschlossen konnte man diesen Raum nun wirklich nicht nennen. Die Türen waren ausgehängt, die Scheiben zerbrochen. Mit Absicht hatte er diesen Raum gewählt: Verbindung zur Natur halten, Luft reinlassen, Durchzug herstellen. Atmen. Drinnen und draußen sein zugleich, das war die Devise.

Der Mensch ist das einzige Lebewesen, das nicht artgerecht gehalten wird. Nein, so stimmte der Satz nicht. So viele Tiere wurden nicht artgerecht gehalten. Sein Blick verfinsterte sich. In seinem Inneren tauchten Bilder auf von Legebatterien und Hundezwingern, Sofa-Katzen und Vogelkäfigen. Allerdings: Ließe man Tiere so leben, wie sie wollen, lebten sie artgerecht. Doch die Menschen führten Kriege, bauten Scheiße und Bettenburgen und Riesensilos. Pias schnaufte. Ein letzter Blick zu den Stucklöwen. Hier ging's. Hier konnte er es aushalten – einmal die Woche. Nicht öfter. Immer vorsichtig bleiben.

Krieg bei Aldi

Niklas zog die Haustür hinter sich zu. Er wusste nicht, wohin er wollte, hatte kein Ziel. Aber er musste raus, brauchte frische Luft. Die Straßenlaternen leuchteten schon. Es wurde bereits früher dunkel. Niklas dachte an die letzte Probe. Mit Kerzen hatten sie es sich gemütlich gemacht. Richtig heimelig konnte die alte Villa sein. Sofie hatte sogar vorgeschlagen, einen Tannenbaum zu besorgen, wenn es so weit war. So ein Quatsch. Das reichte ihm schon zu Hause. Mit Glitzertannen verband Niklas nichts als scheinheiliges Getue, krampfhafte Fröhlichkeit und viel zu viele Menschen auf engstem Raum. Okay, Platz war in der Villa genug. Trotzdem erleichterte es ihn, dass Anton auch gegen dieses weihnachtliche Gedöns war. Ob sie etwa auch Weihnachtslieder spielen sollten, hatte er Sofie gefragt. Zuerst war sie beleidigt gewesen, aber dann hatten sie gemeinsam darüber gegackert: *Stille Nacht* mit Schlagzeug. Oder *Oh du fröhliche* mit Gitarrensolo wie von Carlos Santana. *Ihr Kinderlein kommet* im Raprhythmus. An diesem Tag waren sie kaum noch zum Üben gekommen. Trotzdem wurden sie besser – ohne Frage.

Nur mit Luise stimmte irgendetwas nicht. Schon dreimal war

sie nicht gekommen, eine Entschuldigung blöder als die andere. Dabei war es gar nicht lange her: Im Sommer waren sie noch vertraut und ausgelassen gewesen. Mit Wehmut dachte Niklas an Fahrradausflüge zu zweit, ans Schmusen im Zelt ... Seit wenigen Wochen war Luise ganz anders. Und mehrmals hatte sie ihn angeschnauzt, ihn auch immer wieder genervt damit, er solle von Pias sein Eigentum zurückverlangen. »Sein Eigentum«, ihre Worte hatten nicht einmal ironisch geklungen, sondern bierernst.

Niklas musste wieder daran denken, wie er das Bier auf den Schlafsack geschüttet hatte. Im Nachhinein war ihm die Situation ziemlich peinlich. Dass dieser Pias weder auf Bier noch auf Zigaretten scharf war, konnte einen schon wundern: ein Penner ohne Suff und Rauchen! Niklas hielt im Gehen inne. Unwillkürlich hatte er den gewohnten Weg eingeschlagen. Vor ihm lag nun die Fußgängerbrücke über die Autobahn. ›Warum auch nicht?‹, sagte er zu sich selbst, da war sowieso noch eine Frage offen. Heute war Freitag, und wenn Luise Recht hatte, war Pias heute vielleicht da: Immer nur freitags. Wo er wohl war, wenn es Bindfäden regnete? Und das richtige Sauwetter stand ja erst noch bevor.

Niklas verließ den Waldweg, die Villa lag jetzt vor ihm. Da sah er Pias. Er lehnte an der mächtigen Buche, die vor der Villa stand, und blickte in die blattleere Krone. Er wirkte ganz entspannt, nicht so erregt wie bei der letzten Begegnung. Zögernd trat Niklas näher. »Ich wollte was fragen«, begann er umständlich. Pias brummte, ohne seine Blickrichtung zu verändern. »Du hast mir geholfen. Ich will mich richtig bedanken. Gibt es etwas, das du gebrauchen kannst?« Mensch, er war doch sonst nicht so auf den Mund gefallen.

»Pias hat alles.« Na, immerhin waren diese Worte zu verstehen. »Muss ja kein Alk sein oder Zigaretten. Bald wird's kalt, 'ne Decke oder 'ne Jacke vielleicht? Ich kann was zu Hause abstauben.«

»Meine Depots sind voll. Pias hat alles.«

Die Wiederholung duldete keinen Widerspruch. Und Niklas verstummte. Er wusste nicht, was er sagen sollte. Da kam Pias direkt auf ihn zu und winkte knapp: »Komm mit.« Niklas sah ihn an. »Ich zeig dir eins meiner Depots.« Niklas war überrascht, wollte aber nicht kneifen. Er nickte also. Pias hatte in Windeseile seinen Schlafsack zusammengerollt und stapfte los, in den Wald hinein, der hinter der Villa begann. Niklas schob mit seinem Fahrrad hinterher. Erst ging es breite Waldwege entlang, die Niklas kannte. Er staunte, welches Tempo Pias vorlegte. Er überlegte, ob er sich nicht aufs Fahrrad schwingen sollte. Doch das kam ihm doof vor. Er würde sich doch nicht von so einem alten Penner abhängen lassen. 50 Jahre musste der doch mindestens auf dem Buckel haben. Dann kam er auf die Idee, die Situation zu nutzen und noch mal nachzuhaken: »Pias, was hältst du von einem Deal?« Pias blickte nicht mal auf, knurrte nur kurz als Zeichen, dass er noch da war. »Ein Tauschgeschäft.« Wieder dieses kurze unwillige Knurren. Der Kerl machte es einem wirklich nicht leicht. Doch Niklas gab nicht auf. Es war zwar erst Mitte November, aber Sylvester beschäftigte ihn schon sehr: »Du könntest mir Raketen besorgen, wenn es so weit ist, und ich bringe was zu essen mit.«

Pias reagierte nicht.

»Nicht von der Armee, von Aldi«, versuchte Niklas zu scherzen. Nun war er in Fahrt: »Raketen geben die bei Aldi nur an Erwachsene ab und mein Vater ist so 'n ›Ökopax‹. Der hält einem ellenlange Vorträge und sagt dann trotzdem Nein.« Niklas vergewisserte sich mit einem Seitenblick, ob Pias ihn verstanden hatte. Der grinste auf einmal vor sich hin.

»Ökopax«, wiederholte er und blickte Niklas nun direkt an. Er zögerte einen Moment, doch dann erwiderte er laut und deutlich: »Bei Aldi komme ich nicht rein.«

Niklas traute seinen Ohren nicht: »Was?«

»Ich gehe da nicht rein. Ich komm nur bis zur Tür, dann geht ein Höllenspektakel los.«

Niklas blickte ihn immer noch fassungslos an. Er musste an die vielen Penner denken, die sich bei Aldi mit billigem Fusel versorgten. Pias gehörte sozusagen zum Stammpublikum.

»Bomben«, erläuterte Pias ernst, »Flugzeuge, Motoren ... ein riesiger Krach, das mache ich nicht mit.«

»Okay, okay«, Niklas hatte nichts verstanden. Aber er hatte ein Gespür dafür, wenn nichts mehr ging.

Robin Hood der Fahrräder

Inzwischen waren sie an eine Lichtung gekommen. Nach links hatte man einen weiten Blick Richtung Elbe, die weit entfernt am Horizont die Sonne spiegelte und ein merkwürdiges Glitzern bis an den Waldrand warf. Eigentlich ein schöner Platz, dachte Niklas. Doch vom Kraftwerk an der Elbe zogen Hochspannungsleitungen in alle Richtungen. Und gleich in der Nähe war eine hässliche Umschaltanlage gebaut worden. Kleinere Leitungen liefen von hier aus weiter, eine davon zu den Siedlungen auf der anderen Seite des Waldes. Pias wies auf die Leitung: »Die habe ich mal lahm gelegt!«

Niklas sah ihn schräg von der Seite an: »Du hast was ...?«

Pias erklärte sachlich und ohne jeden Anflug von Angeberei: »Nachts bin ich hoch. Mit eiskalten Fingern, ohne Handschuhe.« Er blickte auf seine Hände, als wären die immer noch blau. »Ich musste hoch, einen Kurzschluss machen. Ging ganz einfach. Aus, alle Lichter aus!«

Niklas war schon wieder sprachlos. Er wollte sich nicht auf den Arm nehmen lassen, war unsicher, was er glauben konnte. Doch Pias redete, als wäre es das Selbstverständlichste auf der Welt, nachts Stromleitungen zu kappen.

»Ist das nicht gefährlich?«

»Ich bin Elektriker, kenne mich aus«, erwiderte Pias. Niklas überlegte, wohin die Leitung führte. Hinter dem Wald lag die Nobelsiedlung mit dem Strebergymnasium. Jetzt musste er innerlich grinsen: Stromausfall im Winter, alles dunkel. War dann wohl nichts mit Lernen am nächsten Tag. Nun war seine Neugier geweckt. »Du hast gesagt, du *musstest* hoch, wieso?«

Pias schwieg. Er schien in sich hineinzuhören, als erwarte er von dort eine Antwort. »Wer hat das denn gesagt?«, wollte Niklas wissen. Immer noch keine Antwort. »War es eine Bundeswehrübung?« Er konnte sich zwar nicht vorstellen, dass die hier im Wald den Ernstfall üben würden, aber wer sonst konnte Pias dazu bringen, solche gefährlichen Aktionen zu machen.

Da antwortete Pias endlich: »Die Mafia! Die Mafia steckte dahinter!« Er drehte sich, um weiterzugehen. Niklas war geplättet. Doch langsam wurde er auch ärgerlich: Der Kerl wollte ihn offenbar doch verarschen. Oder er hatte echt 'nen Knall: sich bei Aldi nicht reintrauen und dann im Auftrag der Mafia die Strommasten hochkrabbeln. Er war drauf und dran, sich auf sein Fahrrad zu schwingen und davonzuradeln. Wer war er denn, dass er sich so einen Spinnkram anhörte? Doch irgendetwas hielt ihn noch fest. Seine Neugier überwog. Wahr oder nicht wahr – mal sehen, was noch kam.

Inzwischen war Pias in einen kleineren Waldweg eingebogen. Und Niklas musste sich beeilen hinterherzukommen. Nach rund hundert Metern blieb Pias stehen. Er wies auf einen mit wenigen Brettern zusammengezimmerten leeren Unterstand: »Hier kannst du dein Fahrrad stehen lassen.« Niklas stellte sein gutes neues Rad gegen eine halbwegs stabile Seitenwand. Er zögerte einen Moment. Pias reagierte: »Kannst du einfach stehen lassen. Hier wird nicht geklaut.« Ein breites Grinsen zog über sein Gesicht, als er fortfuhr: »Das war mal mein Fahrrad-Depot.« Niklas sah ihn ungläubig an. Der Schuppen war nicht gerade klein. Mindestens drei mal vier Meter. Und Pias, der ja offenbar im Freien schlief, sollte für sein Fahrrad eine solche Monstergarage brauchen. Außerdem hatte er Pias noch nie mit einem Fahrrad gesehen. »Das war mein Fahrrad-Depot«, wiederholte Pias deutlich, als wundere er sich über so viel Unverständnis. Er lehnte sich gegen einen Eckpfosten: »Ich hatte den Auftrag, Fahrräder zu besorgen. Und da drüben gab's 'ne Menge.« Er wies mit dem Kopf zur Siedlung hinter dem Wald.

»Auch die Mafia?«, fragte Niklas und bemerkte, dass sich seine Frage gar nicht ironisch, sondern ganz sachlich anhörte. Pias nickte.

»Wie viele hast du denn ... mitgehen lassen?«

»Das weiß ich nicht mehr genau – zwanzig bestimmt ... in drei Monaten.«

»Wie hast du das gemacht?«

»Batterie-Flex und Decke!« Pias grinste, ging zu Niklas Fahrrad und tat so, als ob er mit einer Flex das schwere Schloss aufsägte. Er machte dabei ein zwar deutlich hörbares, aber nicht besonders lautes Geräusch zwischen Knurren und Quietschen. »Mit einer Decke ist das gar nicht so laut.«

Niklas nickte. Pias hatte Recht. Das Geräusch, das er machte, würde keine zwanzig Meter weit auffallen. »Und du bist nie erwischt worden?«

»Nein. Nie!« Zum ersten Mal klang nun doch ein wenig Stolz aus Pias' Stimme.

»Was hast du mit den Fahrrädern gemacht?« Seine Frage klang, als ob er die ganze Story mit der Mafia glaubte und sich nun nur noch nach Zwischenlagern und Vertriebswegen erkundigte.

»Die Räder wurden abgeholt. Hier oder weiter drüben, wo früher der Waldspielplatz war.«

Den Platz kannte Niklas. Dort hatte er sich früher manchmal mit Anton getroffen. Und eins der inzwischen ziemlich ramponierten Kinderhäuschen hatte Anton damals nach der ersten auf Lunge gerauchten Zigarette voll gekotzt. Doch das alles war mindestens drei Jahre her. »Wer hat die Räder abgeholt?«

»Na, Kinder, Jugendliche ... Dein Alter oder jünger, was weiß ich ... Sie blieben nie lange stehen.«

Niklas erinnerte sich, dass Luises Bruder vor etlichen Jahren mal mit einem herrenlosen Fahrrad erschienen war. Die Eltern hatten darauf bestanden, dass er es beim Fundbüro abgab. Als dann einige Kinder von der Containersiedlung für Asylsuchende mit Fahrrädern auftauchten, hatte man sie des Diebstahls beschuldigt. Ob das alles Pias' Räder gewesen waren? Das war ja echt ein Ding! Pias hatte Fahrräder umverteilt. Pias, der Rächer der Armen. Robin Hood der Fahrräder. Niklas hatte eine Erklärung gefunden, die ihn überzeugte. Von wegen Mafia.

»Wie lange hast du das gemacht?«

»Nur drei Monate.«

»Und warum hast du aufgehört?« Niklas wollte jetzt alles möglichst genau wissen.

»Die Lichtzeichen änderten sich.«

»Was?«

»Ich hatte damals noch eine Wohnung. Wenn gegenüber bestimmte Lichtzeichen kamen, konnte ich raus. Und zurück durfte ich auch nur bei anderen Signalen.« Bei diesen letzten Sätzen klang Pias' Stimme traurig. Niklas verstand nichts, traute sich aber nicht weiter nachzufragen. Er war verwirrt. Lichtzeichen, Strommasten, Mafia, Fahrräder. Manches mochte ja zusammenpassen. Aber der Kerl war doch vor allem verrückt. Jedenfalls war er verrückt gewesen. Die Aktionen, von denen er erzählte, waren ja mehrere Jahre her ...

»Wir sind gleich da.« Pias hatte sich erhoben und erinnerte mit seinem Satz daran, weshalb sie eigentlich losgegangen waren. Nach weiteren hundert Metern waren sie am Ziel. Ein kleiner Trampelpfad führte von dem Schuppen zu einer Gruppe eng stehender hoher Buchen. Bei einer lag die Hauptwurzel frei. Darunter lagen unter Blättern und Zweigen verborgen ein kleiner Müllsack mit Klamotten und ein Stapel alter Zeitungen. Pias zeigte Niklas noch eine schmale Ration Lebensmittel sowie einige sorg-

fältig eingewickelte Dokumente. Kein Alkohol, keine Zigaretten.
»Nur gesunde Sachen!«, sagte Pias, als hätte er Niklas' suchenden Blick bemerkt.

Niklas fühlte sich ertappt. ›Na, ob das gesund ist, hier zu leben‹, dachte er trotzig. Laut fragte er nur: »Wo schläfst du?«

Pias wies auf einen Platz neben der Wurzel, der mit Zweigen und Blättern ausgelegt war.

»Und wenn es regnet?« Pias zeigte auf eine Leine, die von der Wurzel ausgehend knapp über den Boden etwa zwei Meter zur Seite gespannt war. Dann nahm er ein paar der alten Zeitungen und hängte sie über die Verspannung: »Hält ungefähr eine Nacht lang!«

Insgesamt bot der Platz nichts Besonderes. Niklas war fast ein bisschen enttäuscht, wusste aber auch nicht, was er sich vorgestellt hatte. Zugleich war er beeindruckt, wie einfach Pias lebte. Im Fernsehen gab es manchmal Berichte von Abenteurern, die auf höchsten Bergen oder auf fernen Meeren die Herausforderung suchten. Pias musste dafür nicht reisen.

Niklas spürte: Es war ungewöhnlich, dass Pias ihn hierher führte. Eine Art Vertrauensbeweis. Pias schien seinen Gedanken zu ahnen. »Ich bin hier allein sonst, wollte dir nur zeigen, dass Depots nicht in die Nähe gehören. Nicht dahin, wo man dich finden kann.«

Den Rückweg machte Niklas allein. Er ließ sich die verschiedenen Geschichten noch mal durch den Kopf gehen. Vielleicht hatte ihm Pias ja noch mehr sagen wollen: Wenn schon klauen, dann nicht erwischen lassen ... Oder: Wenn schon klauen, dann nicht aus purem Egoismus ... Doch diese Geschichte mit der Mafia, die war wirklich verrückt ... Ein merkwürdiger Kerl.

Voll der Schizo

Beim nächsten Treff unterhielten sie sich zum ersten Mal länger über Pias. Niklas berichtete ausführlich von seinem Treffen mit ihm, wobei er einige Geschichten weiter ausschmückte. Jedenfalls schien es Anton und Sofie so. Sie warteten auf Luise, die wieder nicht kam.

»Total verrückt, der Typ!«, schloss Niklas seinen Bericht, »'n echter Schizo!«

Die drei schwiegen kurz, dann fragte Anton: »Sagt mal, was bedeutet ›Schizo‹ eigentlich genau?«

»Hm ...«, machte Sofie, »irgendwie durcheinander. Nicht so richtig in der Welt eben. Vielleicht wird man so, wenn man lange allein ist? Er ist einfach ein Eigenbrötler geworden.«

»Oder der war im Winter zu viel draußen, bei dem ist was eingefroren.« Alle lachten. »Ja«, schob Niklas nach, »freiwillig würde ich nicht bei Kälte und Nässe draußen bleiben, und der nutzt ja sogar unsere Villa nur ganz selten.« Die anderen staunten: Vor nicht allzu langer Zeit hatte Niklas noch alles versucht Pias aus der Villa zu vertreiben.

»Er war jedenfalls nicht immer so«, stellte Sofie fest, «man kommt offenbar nicht als Schizo auf die Welt.«

»Da haste Recht«, stimmte Niklas zu, »sonst hätte der nie Kompanieführer werden können.«

»Vielleicht hat er auch schreckliche Dinge erlebt im Krieg ... ich meine, bei irgendeinem Einsatz«, meinte Sofie.

Das wiederum konnte sich Niklas nicht vorstellen. Im Krieg war er noch nicht auf der Welt und bei dem Einsatz in Bosnien war er schon nicht mehr bei der Bundeswehr gewesen.

»Wer weiß, was jemand lernen muss, der Spione, Zerstörer und Saboteure jagt«, wandte Anton ein. Die anderen stimmten zu. Spisazer-Jäger zu sein, das stellten sie sich in jedem Fall gefährlich vor – auch ohne Krieg.

»Und wenn wir ihn einfach mal fragen, warum er so lebt.«
Sofie sah unsicher in die Runde. Nein, der Gedanke schien gar
nicht so schlecht. Gemeinsam überlegten sie, wer wohl am besten geeignet war, so ein Gespräch zu führen. Niklas, der in Frage
kam, weil er ja schon zu zweit mit Pias geredet hatte, wehrte ab.
Er schlug Sofie vor, weil sie ein Mädchen war. Schließlich kamen
sie überein, es gemeinsam zu versuchen. So waren diese langen
Pausen und plötzlichen Ausbrüche bei Pias am leichtesten zu er-
tragen. Und wenn er in sich selbst verschwand, konnten sie sich
wenigstens gegenseitig ansehen. Sofie sollte aber das Wort führen. Eine Frau kann so etwas besser, da waren sich die beiden
Jungen einig. Sofie wollte erst nicht so recht, gab dann aber nach.
Ihre Neugier war größer als ihre Schüchternheit.

Luise hatten alle drei für diese Situation schon abgeschrieben.

Warum?

Als sie am nächsten Freitag früher als sonst zur Villa kamen, ging
alles viel einfacher, als sie gedacht hatten. Schon von der Ferne
hörten sie Klänge, die sie zuerst gar nicht mit Pias in Verbindung
brachten. Niklas befürchtete schon wieder fremde Eindringlin-
ge. Als sie dann zum Waldweg kamen, sahen sie Pias vor dem
Eingang im restlichen Sonnenlicht sitzen und Mundharmonika
spielen.

Es klang gar nicht schlecht, etwas unbeholfen vielleicht, langsam, so wie wenn man lange nicht geübt hatte. Traurig, aber irgendwie passend.

»Passt auf, am Ende spielt der noch bei uns mit«, ulkte Niklas.
Die anderen guckten ihn schräg von der Seite an. War das jetzt
nett oder höhnisch gemeint? »*Pias and his streetgang.*«

Als sie nun weiter auf ihn zugingen, schien er sie gar nicht wahrzunehmen. Sie ließen sich auf der steinernen Umgrenzung des großzügigen Eingangsbereichs nieder. Kein schlechter Platz für einen Videoclip, schoss es Anton durch den Kopf. Pias hielt inne.

»Klingt gut«, unterbrach Sofie die entstandene Stille und schob dann nach: »Ein wenig traurig, aber sehr weich.« Pias blickte auf. Geschickt, dachten Niklas und Anton und schauten sich kurz an. Recht hatten sie gehabt mit ihrem Vorschlag, Sofie machte das gut. Selbst Niklas, der sonst gerne das Wort führte, hatte keine Mühe sich zurückzuhalten. Sofie blieb dran: »Hast du auch mal in einer Band gespielt?«

Pias ließ die Frage verklingen. »Kommt ihr jetzt immer freitags?« Man konnte nicht genau hören, wie das gemeint war. Störte ihn der Besuch? Würde er jetzt freitags wegbleiben?

»Wir wollten dich was fragen.« Bewusst entschied sich Sofie für die Offensive. Nicht drumrum reden. Nein sagen konnte er so oder so.

Pias legte die Mundharmonika weg: »Was denn?«

»Warum lebst du so?« Das knallte. Anton schaute Sofie bewundernd an. Einfach so gerade heraus.

Pias ließ sich Zeit, schaute Sofie an und sagte dann laut und deutlich: »Warum lebst *du* so?« Es war unmissverständlich, er redete nicht vor sich hin, wiederholte nicht einfach, was Sofie gesagt hatte, sondern gab die Frage zurück.

Warum sie so lebten? Na ja, sie lebten verschieden: Anton mit seiner kleinen Schwester und beiden Eltern in einem Haus mit relativ viel Platz; Niklas mit Mutter und zwei Brüdern in einem kleinen schmalen Reihenhaus; Sofie mit Mutter und deren Freundin in einer Altbauwohnung. Okay, gemeinsam war allen, dass sie ein Dach über dem Kopf hatten. Ob Pias darauf hinaus wollte? Der wartete die Antwort aber gar nicht erst ab: »Stellt euch eine Gesellschaft vor, in der alle draußen leben, Sammler und Jäger, und auf einmal fängt einer an ein Haus zu bauen. Den halten alle für verrückt. Was meint ihr, mit wie viel Misstrauen der rechnen muss?«

Die drei waren verblüfft, und zwar nicht nur, weil Pias so lange geredet hatte. Er drehte einfach alles um. »Habe kein Vertrauen in diese Gesellschaft, bin lieber draußen. Kein Tier würde freiwillig in ein Hochhaus ziehen.« Er machte eine Pause. »Der Mensch ist das einzige Lebewesen, das von sich aus nicht in der Lage ist artgerecht zu leben.« Pias sprach diesen Satz mit besonderer Betonung aus.

»Du versuchst also wie die Tiere zu leben?«, wagte Sofie sich vor.

Pias blickte auf: »Die Tiere leiden unter den Menschen, nicht umgekehrt, denkt an Legebatterien, Schoßhündchen, Rennpferde ...«

»Hast du keine Angst, ich meine, wenn du im Wald schläfst und wilde Tiere kommen.«

Anton und Niklas schmunzelten: Wo sollten hier denn wilde Tiere herkommen? Doch Pias nahm die Frage ernst. »Mit Tieren habe ich Erfahrung. Im Wald können dir zum Beispiel Wildschweine begegnen. Die verfolgen dich nicht, wie es ein streunender Hund tun würde. Die stürmen auf dich los und reißen dir die Beine weg, knurren und gut ist ...« Er stockte, fuhr dann aber fort: »Das ist weniger gefährlich als im Asyl, wenn eine Horde besoffener Leute einfällt. Ich trinke als einziger dort nicht. Schon deshalb fallen die über mich her.«

»Hast du oft Ärger mit Menschen?« Sofie kam eine frühere Begegnung als Kind in den Sinn: Ein Bettler hatte in der Nähe ihres Hauses gesessen und sie hatte sich mit vier oder fünf Jahren einfach neben ihn gesetzt. Da war ihr Vater aus dem Haus gestürmt und hatte sie weggerissen. Den Bettler hatte er angeschrien, er solle ja das Kind in Ruhe lassen.

»Es gibt überall Aggressionen, mit Menschen und mit Hunden. Da kommt so ein Alkoholiker, der gerade sechs Stunden seinen Hund mit in der Kneipe hatte, an dir vorbei ... Die sind dann beide aggressiv. Eigentlich gibt es doch überall Aggressionen. Was glaubst du, was eine Sekretärin alles aushalten muss? Das habe ich selbst mitbekommen. Da ist es im Wald sicherer.«

»Willst du nie wieder in einer Wohnung leben?«

»Kannst du dir vorstellen, wie ich draußen zu leben?«

Sofie zeltete gerne. Im letzten Jahr war sie mit der Mutter für drei Wochen an der französischen Atlantikküste gewesen. Das war wunderschön. Aber immer draußen? Und dann keine Dusche und kein Klo gleich um die Ecke. Einfach so im Dreck leben, und dann stinken wie Pias. Sie schämte sich etwas für diesen Gedanken. Dann ohne Essen, nicht kochen können ...

Pias konnte offenbar Gedanken lesen: »Ich hab gelernt zu überleben. Kann mich von Gras und von Heu ernähren. Lange genug kauen und dann die Spreu ausspucken. Überleben können ist wichtig. Meine Eltern mussten im Krieg auch ums Überleben kämpfen.«

»Und im Winter?«, ging Niklas dazwischen.

»Das wird hart, verdammt hart. Wenn du im Schneesturm bei minus 5 Grad festsitzt, bist du verloren wie eine Sternschnuppe im All, dann sitzt du und kannst nichts machen. Nur überleben. Du sitzt da und versuchst durch Reibung Wärme zu erzeugen ...«

Pias Gesicht verdüsterte sich. Er schien nun Kälte und Einsamkeit im Voraus zu spüren, drohte in sich zu versinken.

»Eine Frage noch, Pias, bitte.« Sofie hatte sich fest vorgenommen diese Frage zu stellen. Und Pias reagierte, tauchte noch einmal auf, blickte sie an. »Hast du Kinder?«

Da war sie, die Frage, die Frage, die er erwartet hatte ... befürchtet, die er vielleicht sogar hasste. Die Frage, die er sich selbst oft gestellt hatte. Hatte er Kinder? Hatte er jemals ein Kind gehabt? Und wenn ja, wann war das gewesen? Wann hatte er es verloren? Wie lange hat man Kinder? Wann hören sie auf Kinder zu sein? Hat man immer Kinder, wenn man Kinder hat? Bleiben sie immer Kinder? Und was, wenn sie nicht Kinder bleiben? So viele Fragen. Wie sollte er dem Mädchen dort, die seine Tochter sein könnte, antworten? Er wollte doch antworten. Diese Kinder oder besser diese Jugendlichen wollten etwas von ihm wissen. Er merkte, dass sie ihm auch nicht mehr gleichgültig waren. Es war kein schlechtes Gefühl, dieselben Mauern zu füllen, die gleichen Türen zu nutzen, auch wenn keine mehr da waren. Begegnet waren sie sich kaum; das hatte er nicht gewollt und meistens vermieden. Er war freitags abends gekommen, wenn das Haus leer war, manchmal auch ein wenig früher. Dann hatte er, ohne sich blicken zu lassen, noch eine Weile der Musik zugehört.

Pias der Spisazer-Jäger. Spionageabwehr? Nein, nur ein wenig Leben spüren, einen Moment teilhaben am Leben der »Viererbande«. Vier? Wo war die Vierte? Pias tauchte wieder auf, hatte die Frage vergessen, die ihm gestellt war, hatte sie verdrängt. Aber er tauchte auf. Schaffte wieder eine Verbindung herzustellen. Unvermittelt fragte er: »Wo ist das andere Mädchen?«

Die drei hatten mit keiner Antwort mehr gerechnet. Und nun diese Frage.

»Luise? Die konnte heute nicht«, antwortete Sofie, schob dann aber nach: »Wir wissen nicht genau, was mit ihr ist. Ehrlich gesagt, mache ich mir Sorgen um sie. Sofie sah die Jungen an, jetzt war sie etwas unsicher. Bisher hatten sie alle dieses Thema weitgehend vermieden.

»Drogen!?«, Pias sagte nur dieses eine Wort. Er hatte mehr zu sich selbst gesprochen, gar nicht gefragt, eher eine Feststellung gemacht. Er stand auf, nahm seine Mundharmonika und ging ins Haus.

WEISSE PÄCKCHEN

Sorgen um Luise

Auf dem Weg nach Hause sagte erst einmal niemand etwas. Hundert Meter weiter redeten dann alle durcheinander. »Super hast du das gemacht«, sagte Anton bewundernd.

»Begnadete Gesprächsführung, wird wohl vererbt«, frotzelte Niklas, auf Sofies Mutter, die Psychologin war, anspielend.

Sie hatten jedenfalls viel erfahren und es gab noch mehr zum Nachdenken. Anton und Niklas stritten, wer von beiden es wohl länger draußen aushalten könnte.

»Überlebenstraining kann man im Urlaub lernen«, meinte Niklas.

»Kostet aber viel Geld«, wandte Anton ein. »Hab ich mal im Fernsehen gesehen. Pias hat das alles bei der Bundeswehr gelernt.« Pias bei der Bundeswehr!? Immer noch schien ihnen diese Vorstellung absurd. »Auf die letzte Frage hat er gar nicht geantwortet. Hat er nun Kinder oder nicht?« Eine kleine Pause entstand. Hatte er oder hatte er nicht? Wie es wohl wäre, so einen Vater zu haben? Konnte es sein, dass er Kinder hatte? Konnte man als Vater so sein oder werden?

Sofie unterbrach die beiden Jungen: »Was ist eigentlich mit Luise?«

Anton sah sie an: »Nun sag schon, du weißt doch mehr als wir!«

Dann erzählte Sofie. «Vor ungefähr vier Wochen hat Luises Bruder ein großes Fest gegeben, nachgeholte Abiturfeier oder Geburtstag, was weiß ich, jedenfalls sturmfreie Bude. Luise hat mich gedrängt zu kommen, damit sie selbst nicht so allein sei mit all den Älteren. Aber dann hat sich auf dem Fest so ein Heini an Luise rangemacht. Und plötzlich hing ich allein rum. Nach Hause wollte ich trotzdem noch nicht.« Die anderen nickten; das konnten sie verstehen. »Saß also so rum und hab Leute beobachtet. Ich sag euch, die Stimmung wurde immer komischer, immer schräger. Einige waren einfach nur besoffen, aber ein paar andere waren völlig abgedreht. Einer saß vor der Armlehne des Sofas und trommelte wie ein Wahnsinniger zur Musik darauf rum. Das wirkte echt voll abgedreht.«

»Und Luise?«

»Luise lag bei diesem blöden Typen im Arm. Sie knutschten eine Weile rum, dann quatschte er ihr was ins Ohr. Irgendwann griff er in seine Jackentasche und gab ihr was Kleines. Ich konnte es zwar nicht erkennen, aber eigentlich war mir klar, was es war.«

»'ne Pille.«

»Klar. Eine Zeit lang knutschten sie dann wieder. Irgendwann bin ich gegangen.« Sofie warf einen kurzen Seitenblick auf Niklas, der mit finsterer Miene zugehört hatte, jetzt aber einen coolen Gesichtsausdruck mimte.

»Seitdem hängt sie bei diesem Typen rum. Ich glaube, sie gehen immer ins *Space*.«

»Ich kenne den Arsch«, meinte Niklas, »ist ein Idiot, Angeber hoch drei! Zieht kleine Mädchen ab!«

Anton legte seine Hand auf Niklas Schultern. »Mensch, die kommt schon wieder auf den Teppich!« Doch so richtig überzeugend klang das nicht.

Überall weiße Päckchen

Pias hastete durch die Räume der Villa, suchte fieberhaft und gründlicher, als je ein Polizist gesucht hatte. Nein, jetzt ging es nicht nur um Alkohol oder Zigaretten. Jetzt ging es um mehr. Irgendwo musste das Zeug versteckt sein. Das hatte er doch schon einmal durchgemacht. Weiße Päckchen! Überall hatte er weiße Päckchen gesehen: In der Handtasche seiner Frau, im Bett seiner Tochter, in den Schränken, in Videokassetten, in der Satteltasche ihres Fahrrads. Überall hatte er gesucht. Die Taschen durchsucht, das ganze Fahrrad zerlegt, das Bett durchwühlt. Ihn, Pias, den Spisazer-Jäger mit zwölf Jahren Bundeswehrerfahrung, ihn sollte man nicht reinlegen, ihn nicht. Er würde der Bande auf die Schliche kommen: Berufsehre – egal ob seine Armeezeit zu Ende ging. Mannesehre – das war er seiner Frau doch schuldig. Vaterehre – egal ob er seiner Tochter auf die Nerven ging. Jetzt ging es um alles.

Vergangenheit und Gegenwart schmolzen zusammen. Es gab nur eine Ewigkeit. Pias suchte und suchte. Im Schlafraum – nichts. Okay, das trauten sie sich dann wohl doch nicht. Nun das große Wohnzimmer, das zur Terrasse hinausführte. Im Kamin – nichts. Unter den losen Fensterbrettern, in den Rollladenkästen? Auch nichts. Gab es lose Dielen? Hier nicht, aber vielleicht dort drüben. Sorgfältig tastete Pias die einzelnen Bretter ab. Er hatte Zeit. Ja, Zeit hatte er genug. Diesmal würde er finden, was er suchte. Diesmal. Hier. Jetzt. Damals war seine Suche umsonst gewesen, hatte er Frau und Tochter verloren. Nichts hatte er gefunden, wochenlang, monatelang. All seine Angst um die Tochter, umsonst?! Und doch hatte er sie verloren, Frau und Kind. Kind? Nein, das war es ja, sie war schon damals kein Kind mehr gewesen, war ihm längst entwachsen. Das hatte er erst viel später begriffen. Damals hatte er sie verloren, sie in die Flucht geschlagen. Sein ewiges Misstrauen, sein dauerndes Suchen hatten sie nicht mehr aushalten können. Und nach dem letzten Lehrgang, den er bei der Bundeswehr gab, waren beide weg gewesen. Alles war zusammengebrochen ... und er war schließlich selbst geflohen, in die mafiafreie Zone bei Ludwigslust. Damals im Osten.

Pias setzte sich auf sein Lager. Er war erschöpft vom Suchen und vom Erinnern. Viele Jahre waren vergangen. Er hatte ein neues, ganz anderes Leben angefangen. Dies Leben war nicht so schlecht, wie es aussah, nicht so elend, wie manche dachten. Die drei eben hatten ehrlich gefragt, hatten wissen wollen, wie er, Pias, lebte. Gar nicht so schlecht! Freiheit, Natur, Luft, Durchzug. Innen und Außen verbunden. Einssein im Ganzen wie ein Tier.

Ein Kaninchen war sein letzter Begleiter gewesen, damals, als auch die Wohnung verloren gegangen war. In seinem Büro hatte er eine Zeit lang gehaust, als auch sein Übergangsjob als Nachhilfelehrer längst erledigt war. Lange nach der Bundeswehrzeit. Ehrenvoll entlassen, nach zwölf Jahren nicht übernommen. Wie alle damals, niemand konnte bleiben. Stellenabbau damals schon, ein schmerzhafter Abschied. Der letzte Halt, die völlige Ordnung, alles weg. Gleichzeitig mit Frau, Kind und Wohnung. Ganz schön viel auf einmal! Auch für einen Soldaten. Schließlich war er keine Maschine. Hart im Nehmen war er nie gewesen. Aber ein zäher Kämpfer, zumindest ein guter Verlierer wollte er sein, damals in dem Büroraum, zusammen mit seinem kleinen Kaninchen. Das Kaninchen wurde krank und er zog mit ihm in den Wald, um gemeinsam gesund zu werden. Doch so einfach war das nicht. Und irgendwann war das Kaninchen weg. Ob tot oder lebendig, weg war es jedenfalls. Er blieb im Wald, lebte wie ein Tier. Mit Tieren konnte er umgehen: Egal, ob es streunende Hunde waren, die sich ihm eine Zeit lang anschlossen, um dann wieder ihre Wege zu gehen, oder hungrige Katzen, die er mit dem Nötigsten versorgte, auch wenn er selbst nichts hatte.

Und heute? Pias spürte, heute war alles anders. Hier drohte reale Gefahr. Luise war in Gefahr, anders noch als seine Tochter damals. Er musste weitersuchen. Pias stand wieder auf, ging in den ersten Stock. Hier war er noch nie gewesen und auch die vier von der Band hielten sich meistens unten auf. So viel hatte er mitbekommen. Die Räume hier waren leer und überschaubar. Und Pias arbeitete, sein Verstand funktionierte. Er hatte seine Lektion gelernt, Spionageabwehr, Wanzen setzen oder aufspüren. Pias kannte alle Verstecke, alle Tricks. Und hier war ja nicht viel, gab es keine Möbel, keinen Müll, nur kahle Wände und Decken mit Stucklöwen. Pias untersuchte sorgfältig alle Fensterbretter, öffnete alle Rollladenkästen, suchte alle Böden nach Spuren nachträglicher Eingriffe ab, klopfte an alle Wände.

Nun nur noch das obere Bad. Er wollte schon aufgeben. Da gaben auf einmal die Kacheln hinter dem Waschbecken nach und er hatte den Beutel mit weißem Pulver in der Hand. Pias erschrak. So viel hatte er vorwärts und rückwärts gedacht, hatte geahnt und geplant. Nun hatte er die Wirklichkeit in der Hand. Und die Wirklichkeit hatte ihn. Sie hatte ihn zurück. Sein Verstand arbeitete nüchtern. Das war Koks. Nichts für Kinder! Gefährliches Zeug und sauteuer. Wer hatte es hier versteckt? Sicher nicht Luise. Egal.

Das Zeug musste verschwinden. Er wollte keine Zigaretten im Keller haben, dann wollte er auch kein Koks im ersten Stock. Er hatte das schwarze Schießpulver beseitigt, er würde auch das weiße Pulver vernichten. Damit hatten die vier nichts zu tun. Und damit sollten sie auch nichts zu tun kriegen. Pias ahnte, auf was er sich einließ. Das hier konnte Ärger geben. Das Zeug war viel Geld wert. Wem auch immer es gehörte ...

Streit

Musikalisch machten sie Fortschritte. Mal war Luise dabei, mal nicht. Häufig war sie lustlos, manchmal auch sehr engagiert. Ihre Stimme war gut und gemeinsam hungerten sie nach Erfolg. Als Gruppe ging es ihnen schlecht: Luise hatte wenig Zeit, kam später oder verschwand schnell wieder. Die Freundschaft zwischen ihr und Sofie war angespannt. Früher hatten sie über alles reden können, nun zog das große Schweigen über das Thema Drogen weiteres Schweigen nach sich. Und wenn sich auf dem Weg zur Schule oder zurück ein Gespräch doch nicht ganz vermeiden ließ, schwärmte Luise von Leo. Leo war in jeder Hinsicht super: groß, sportlich, charmant, viel erwachsener und vor allem: Er besaß ein eigenes Auto. Die beiden waren ständig unterwegs. Sofie interessierte Leo nicht, und schon gar nicht sein Auto. Wenn sie das durchblicken ließ, war jedes Gespräch zwischen den beiden zu Ende. Sie versuchte Luise zu warnen, der Typ sei doch zu alt, wolle sie bestimmt nur vernaschen, aber Luise gab zurück, Sofie sei doch nur neidisch, könne selbst mehr aus sich machen, statt diesem langweiligen Anton hinterherzulaufen.

Wenn Niklas und Luise aneinander gerieten, wurde es lauter. Für Niklas war Leo ein arrogantes Arschloch, wegen dem jetzt die Band leiden musste. Er bestritt gar nicht, dass er eifersüchtig war. An seinem vernichtenden Urteil änderte das nichts. Am meisten stritten sie um Geld. Luise hatte Niklas wieder und wieder angepumpt. Nach Sofies Bericht von dem Fest hatte er sich standhaft geweigert, noch irgendeinen Pfennig herauszurücken. Auch als Luise ihn unter Druck setzte, die Ware von Pias zurückzufordern, wehrte er sich entschieden: »Das geht nur mich und Pias was an!«

Aber Luise ließ sich nicht abschütteln: »Gib mir meinen Teil von den 150 Mark, sonst zeige ich dich an!«

Niklas war fassungslos. Das war dreist: Einerseits tat Luise so, als stünde ihr ein Teil der Beute zu, andererseits drohte sie mit der Polizei. Er geriet in Rage: »Hör zu, mach, was du willst. Es ist mir scheißegal. Wir machen Musik zusammen, solange du gut singst. Ansonsten bist du für mich gestorben!«

Luise war von der Heftigkeit des Ausbruchs verwirrt. Niklas und sie kannten sich schon so lange, hatten einiges schon zusammen erlebt. Leo war zwar ohne Frage attraktiv, hatte Kohle, konnte was losmachen. Aber es war nicht so einfach für sie, mit seinem Lebensstil mitzuhalten. Wenn sie zusammen waren, stimmte alles. Aber wenn sie allein zu Hause war und an Leo dachte, kam er ihr manchmal ganz schön fremd vor. Doch was ging das alles Niklas an!

»Du bist doch nur eifersüchtig«, giftete sie Niklas an. Zu blöd, dass ihr immer nur dieselbe Entgegnung einfiel.

»Na und«, gab Niklas mutig zu, »das habe ich bald hinter mir … und dann fängst du erst an!« Luise war verblüfft. Aber Niklas setzte nach: »Und was die Bullen angeht, geh doch hin. Mir ist das egal, aber dein Leo wird dir was husten … Glaub nicht, dass der scharf ist auf Bullen.«

Anton wird aktiv

Schon ein paarmal hatte Anton überlegt, Pias anzusprechen. Wie hatte der ahnen können, was mit Luise los war? Offenbar kannte der sich mit Drogen aus. Vielleicht hatte er einen Tipp, was zu tun war?

Wahrscheinlich hätte sich Anton nie getraut, wirklich zu fragen, doch da kam ihm Pias zu Hilfe. Es war an einem Samstag, Anfang Dezember. Sie hatten sich früh getroffen und lange geübt – wieder einmal ohne Luise. Sofie hatte eine Verabredung.

Niklas traf sich mit seinem Vater. Anton war mit Aufräumen an der Reihe. Er blätterte gerade in einem Katalog für Tontechnik.

Da stand plötzlich Pias in der Tür. Anton blickte erstaunt auf. Es war nicht Freitag und er befand sich nicht in Pias' »Schlafraum«. Es konnte also kein Zufall sein. Pias blickte ihn wortlos an, als wartete er auf etwas. »Du hattest Recht«, sagte Anton, ohne groß nachzudenken. Pias nickte; er verstand. »Du hast doch Erfahrung«, fuhr Anton fort. Pias nickte wieder. »Was können wir tun?«

Pias kam rein und setzte sich auf einen der Lautsprecher. »Viel nicht ...« Pias war völlig ruhig. Dass er Recht hatte, überraschte ihn nicht. Luise war nicht seine Tochter, das machte das Nachdenken einfacher. Er hatte also nicht gesponnen. Die Wirklichkeit hielt ihn fest und er die Wirklichkeit. Diesmal brauchte er nicht abzudrehen. Die Gefahr war echt. So konnte er sagen, was er dachte: »Sorg dafür, dass Luise nicht aus der Band fliegt, sprich mit Sofie und vor allem mit Niklas. Ihr müsst zusammenbleiben. Luise braucht euch jetzt.«

Anton wunderte sich. So klar hatte Pias selten gesprochen. Was wusste er von der Band? Wie konnte er wissen, welche Spannungen in der Luft lagen?

»Gibt es noch jemanden, auf den Luise hört?«

Anton überlegte. Ihn nahm Luise nicht ernst, noch weniger als Niklas, mit dem sie schon länger befreundet war. Luises Eltern waren geschieden, den Vater kannte er kaum. »Sie hat einen älteren Bruder, der ist eigentlich ganz in Ordnung.« Anton kannte Stephan vom Fußball. Früher war er für kurze Zeit einmal sein Trainer gewesen. Inzwischen hatten beide aufgehört Fußball zu spielen. Auf seinem Fest war der ganze Schlamassel losgegangen. Wie Stephan zu Leo stand, wusste er nicht. Trotzdem ... eigentlich keine schlechte Idee.

»Sprich mit ihm«, sagte Pias schroff, »du allein! Und sprich mit eurer neuen Lehrerin.« Anton nickte. Pias stand auf. Das Gespräch war für ihn offenbar beendet. »Mach's gut«, sagte er so freundlich wie noch nie und verließ den Raum. Anton packte seinen Kram und ging. In seinem Kopf wirbelte alles durcheinander. Dann fiel es ihm auf: Woher wusste Pias von Frau Graf? Nach Hause konnte *er jetzt* nicht gehen. Vielleicht hatte Sofie noch Zeit für ihn.

Die Gräfin

Frau Graf war erst vor wenigen Monaten in die Klasse gekommen. Erdkunde und Religion waren eine merkwürdige Kombination. Als Spezialistin für die Schöpfungsgeschichte hatte sie sich eingeführt. In diesem Fall sei sie doppelt qualifiziert. Und dann hatte sie von einem strenggläubigen Mormonen erzählt, der immer nur die Bibel gelesen und alles sehr wörtlich genommen hatte: »Als dieser Mann ein Buch von Stephen Hawkings in die Finger bekam, das ihn mit der geophysikalischen Entwicklungsgeschichte der Erde konfrontierte, wurde er verrückt.« Als alle sich wunderten, was das mit Religion oder Erdkunde oder gar beidem zu tun hatte, kam die Moral der Geschichte: »Es gibt immer mindestens zwei Wahrheiten. Wenn euch jemand eine allein selig machende Wahrheit verkünden will, glaubt ihm nicht!« Ganz schön merkwürdig für eine Religionslehrerin!

Anton mochte Frau Graf. Er war es auch gewesen, der den Spitznamen »Gräfin« in Umlauf gebracht hatte. Inzwischen hieß sie bei fast allen nur noch so, mal mit eher respektvollem, mal mit eher spöttischem Unterton. Die Gräfin war jung, Mitte zwanzig, schätzte Anton. Sie konnte gut erzählen. Sie redete mit normalen Worten. Und, was Anton noch wichtiger war, sie sprach aus, was sie dachte. So konnte man ihr glauben, was sie sagte. Das war ja bei Lehrern nun wirklich nicht selbstverständlich.

Anton überlegte, wie die Gräfin wohl in zehn Jahren sein mochte. Ob sie sich die frische Art würde erhalten können. Na, das konnte ihm ja egal sein, in zehn Jahren war er jedenfalls nicht mehr hier. Anton rief sich selbst zur Ordnung. Er hatte sich mit Niklas und Sofie beraten, wollte heute die Gräfin ansprechen. Er hatte sozusagen einen Auftrag. Warum Pias ihn wohl ausgerechnet an sie verwiesen hatte. Der war Hellseher, irgendwie. Jedenfalls hatte er ihm nicht verraten, dass sie ihm gefiel. Sicher nicht! Aber: Wie sollte er sie ansprechen? Wie über Luise sprechen, ohne als »Petzer« dazustehen?

Da passierte etwas Merkwürdiges: Erstens kam die Gräfin zu spät. Und als sie dann endlich beladen mit Büchern und mit einem Videokoffer in die Klasse stürmte, kündigte sie zweitens eine Unterrichtseinheit zum Thema Drogen an. Anton staunte nicht schlecht. Wie kam die denn auf das Thema? Er sah sich nach Niklas und Sofie um. Die verstanden seinen fragenden Blick und zuckten mit den Schultern. Anton riskierte auch einen Blick zu Luise, die aber völlig unbeteiligt in ihren Heften und Papieren kramte.

»Ich habe gehört, dass ihr schon letztes Jahr über Konsumverhalten und Armut geredet habt. Und die Weihnachtsgeschichte kennt ihr ja sicher alle längst auswendig«, die Gräfin lachte, als alle die Frage unaufgefordert bejahten. »Also musste ich mir was Neues ausdenken.« War das nun eine überzeugende Begründung oder nicht? Anton war es egal. Auf jeden Fall hatte er erst mal Zeit gewonnen und wollte sehen, wie die Gräfin das Thema aufzog. Dann konnte er immer noch entscheiden, sie anzusprechen. »In eurem Alter solltet ihr Bescheid wissen. Das kann manchmal sehr schnell gehen, dass euch irgendjemand etwas andrehen will. Außerdem haben wir heute eine Doppelstunde und das Thema passt hervorragend in beide Fächer.«

Anton wunderte sich: Wie sollte das denn aussehen?

Die Gräfin begann mit einem kleinen Referat über Drogenanbaugebiete in Südamerika und die Macht der kolumbianischen

Drogenmafia. Erdkunde pur. Und jede Menge Politik. Wer alles davon profitierte, dass es anderen schlecht ging. Anton dachte an die Schilderung von Niklas über seinen Ausflug mit Pias zu seinem Depot. War da nicht auch von der Mafia die Rede gewesen?

In der nächsten Stunde zeigte sie einen Film über ein Mädchen, das mehrere Jahre harte Drogen genommen und auf der Straße am Rande eines Großstadtbahnhofes gelebt hatte.

Der Film berührte alle, auch Luise. Das war deutlich zu spüren. Anton musste an Pias denken. Ob der auch solchen Menschen wie Christiane F. begegnet war? In dieser Stunde gab es noch einen Moment, der ihn an Pias erinnerte. Die Gräfin sprach über die zunehmende Zahl an Drogentoten und die schlechten Lebensbedingungen der Großstadt. Ganz schön kritisch für eine Lehrerin, dachte Anton. Und dann kam der Satz, der ihn aufhorchen ließ: »Der Mensch ist offenbar nicht in der Lage, artgerecht zu leben.« Das hatte er doch schon mal gehört, zumindest so ähnlich. Merkwürdig.

Nach dieser Stunde zweifelte Anton erst recht, ob es Sinn machte, die Gräfin auf Luise anzusprechen. Was sollte die denn sonst noch machen? Welche Möglichkeit hatte denn eine Lehrerin sonst noch, außer klug zu reden und gute Filme zu zeigen? Doch immerhin hatte sie am Schluss gesagt: »Gleichgültigkeit tötet!« Das hatte sie auf beide Stunden bezogen – auf die Politik der USA in den achtziger Jahren und auf die Personen, die der Christiane F. begegnet waren. Und Anton blieb gar nichts anderes übrig, als es auch auf sich zu beziehen: »Ihr tragt also auch füreinander Verantwortung. Versteckt euch nicht. Und denkt dran: Es gibt immer einen Weg – je früher, desto besser!«

So passierte es fast von selbst, dass Anton sitzen blieb, als alle anderen schon in die Pause gingen. Die Gräfin kam an seinem Platz vorbei, sah ihn an und fragte: »Du machst dir Sorgen?!« Das war eine Mischung aus Frage und Feststellung. Anton brauchte nur zu nicken. Er zögerte. »Jemand aus eurer Band?« Anton nickte wieder. »Dann kann ich mir denken, wen du meinst. Du machst dir Sorgen wegen Luise!?« Anton nickte ein drittes Mal. Die Gräfin merkte seine Befangenheit: »Es ist gut, dass du mich ansprichst.« Anton musste grinsen, schließlich hatte er bisher keinen Ton gesagt. Die Gräfin lächelte nun selbst: »Trotzdem gehört Mut dazu. Ich hatte mir selbst auch schon Gedanken gemacht. Aber du kennst Luise viel besser.«

»Können Sie was tun?«

»Ich weiß es noch nicht genau ... sie direkt ansprechen ... vielleicht mit den Eltern reden ... Aber ihr könntet auch was tun ...«

»Ich weiß«, unterbrach Anton sie, »zu ihr halten, weiter zusammen Musik machen.« Die Gräfin nickte wortlos.

Einsamkeit

Luise konnte nicht einschlafen. Ihr Zimmer unter dem Dach war im Sommer zu warm und im Winter zu kalt. Doch dieser Nachteil wurde durch den eigenen Zugang zum Treppenhaus mehr als aufgewogen. Heute war ihr nicht kalt, trotz des ungemütlichen Wetters draußen. Es war die innere Unruhe, die sie wach hielt. Die Ereignisse der letzten Zeit rauschten ihr durch den Kopf. So viel Neues stürmte auf sie ein. Ein ständiges Wechselbad der Gefühle. Allein Leo! Am Wochenende hatten sie eine schöne Zeit gehabt, waren in die Heide rausgefahren und durch den Nebel gelaufen. Echter, feuchtkalter Nebel, kein Nebel im Kopf.

Heute hatte er sie versetzt, dieser blöde Kerl. War nicht gekommen, obwohl sie fest verabredet waren. Und das nicht zum ersten Mal. Als ob am Wochenende nichts gewesen wäre. ›Weiß der Geier, wen er jetzt anbaggert.‹ Luises Miene verfinsterte sich. Sie musste an Niklas denken und an seinen Wutausbruch neulich. »Der spielt doch nur mit dir ...« Luise schossen Tränen in die Augen. Vielleicht ging es Leo wirklich nur um sein Zeug. Am Anfang hatte sie kaum etwas gespürt, hatte sich ohnehin großartig gefühlt in Leos Armen. Als Sofie ihr neulich Vorhaltungen machte und sie warnte, hatte Luise nur Spott übrig gehabt. Leo war ihre Droge, na und? Später hatte das Zeug schon gewirkt. Man fühlte sich einfach leicht, verdammt leicht. Genug Energie für die ganze Nacht.

Der Nebel im Kopf kam erst später, hatte sie tief erschrocken. Erst dieses Hochgefühl, diese unglaubliche Power. Mehrere Stunden gut drauf. Dann unweigerlich Nebel. Leo lachte, als sie ihm davon erzählte. »Den Nebel kannst du vertreiben«, versicherte er, »das Hoch Leo vertreibt Tief Luise«, und winkte mit seinen Pillen.

Luise wälzte sich im Bett hin und her. Die Unruhe wurde wieder stärker. Der Körper war müde, bleiern müde, doch der Kopf lief auf Hochtouren, erlaubte keinen Stopp der Gedanken. Erst recht keinen Schlaf. Dabei hatten sie doch seit dem Fest nur noch zweimal etwas eingeschmissen.

Luise versuchte sich zu beruhigen. »Deine Stimme ist besser, wenn du gut drauf bist«, hatte Leo behauptet. Pias hatte das bestritten. Pias – wieso spukte ihr jetzt auch noch der durch den Kopf. Wieder und wieder musste sie an diese eine Situation denken: Sie war mit Aufräumen an der Reihe. Die anderen mussten schnell weg. Plötzlich stand Pias im Raum. Erst war sie erschrocken. Doch Pias fragte nichts, wollte nichts, fing einfach an zu erzählen. Sprach mit weicher Stimme, ohne aufzuhören. Erzählte von seiner Tochter Anne, von den weißen Päckchen, die er gesucht hatte, und dass er auch eins in der Villa gefunden habe. Luise verstand nicht mal die Hälfte. Pias liebte seine Tochter. Das wurde klar aus seinen Worten. Aber hatte sie nun Drogen genommen oder nicht? Und was genau hatte Pias in der Villa gefunden? Oder hatte er wieder nur gesponnen? Musste sie den anderen nicht erzählen von seinem Fund? Luise fühlte sich hin- und hergerissen. Sie hatten freitags nach der Probe noch ein paarmal miteinander gesprochen. Mit irgendeinem Vorwand war sie länger geblieben. Doch warum sollten die anderen das eigentlich nicht mitbekommen? Was war ihr peinlich? Dass sie überhaupt mit diesem stinkenden Kerl redete. Oder war ihr unangenehm, dass Pias von dem Zeug wusste? Nein, eigentlich nicht. Merkwürdig, diesem komischen Kauz gegenüber war ihr gar nichts peinlich ... Vielleicht weil er so weit weg war und weil er ohnehin wenig redete. Dafür rastete Leo fast aus, als sie von Pias erzählte. »Die Zecke soll sich da raushalten, sonst passiert noch was!« Luise musste innerlich grinsen: Der schmucke Leo und der stinkende Pias – ein ungleiches Duell! Ob Leo eifersüchtig war? Ein verrückter Gedanke, den sie gleich wieder verwarf. So blöd war sie nun doch nicht. Was wollte Leo wirklich von ihr? Ein bisschen Schmusen, ein bisschen Sex, und das war's? Ein bisschen im Auto rumfahren und die neueste Eroberung vorführen? Luise fühlte sich mies. Je länger sie nachdachte, desto mieser. Überall Verwirrung.

Auch aus Pias wurde sie nicht schlau. Was wollte er ihr mit seinen Geschichten eigentlich sagen? War die Tochter abgehauen, weil er so verrückt war? Oder war er schrullig geworden, weil er die Tochter vermisste? Mit oder ohne Drogen – sie war inzwischen erwachsen. Hatte er das nicht verkraftet? Wieso konnte er die Tochter nicht loslassen? Ach, was ging sie dieser alte Penner an? Wo die Tochter jetzt wohl war? Irgendwann hatte sie gewagt, ihn zu fragen. Da war er wieder ganz einsilbig geworden – wie am Anfang. »Das weißt du selbst«, hatte er gesagt. So ein Blödsinn!

Langsam wurde Luise ruhiger. Vielleicht konnte sie nun doch bald schlafen. Da läutete ihr Handy. Wer konnte das sein? Es war schon nach elf. Hoffentlich nicht Leo. Auf den hatte sie jetzt keinen Bock. »Sofie, du?«, Luise freute sich. Beide hatten schon länger nicht mehr in Ruhe miteinander geredet.

Der Überfall

Anton hatte Pias' Ratschläge befolgt. Keine Frage, dass die anderen beiden zu Luise standen. Stephan war zwar zuerst genervt gewesen, hatte sich dann aber bereit erklärt, mit Leo Klartext zu reden. Die Gräfin war überhaupt nicht überrascht gewesen. Sie hatte Anton bestärkt. Es sei richtig, in solchen Sachen nicht alles laufen zu lassen, sondern seinem Herzen zu folgen. Was immer sie damit meinte. Sie habe ohnehin vorgehabt, beim Elternsprechtag mit Luise und ihrer Mutter zu reden. Luises Fehlzeiten hätten ja auch etwas zugenommen. Außerdem werde sie dafür sorgen, dass Leo den Schulhof nicht mehr betreten dürfe.

Anton war skeptisch. Aber immerhin war Luise zu den letzten beiden Proben pünktlich gekommen und länger als sonst geblieben. Sie schien interessiert, die Verbindung zur Band nicht ganz abbrechen zu lassen. Ob sie auch ein bisschen sauer auf ihn war, konnte Anton nicht abschätzen. Auf jeden Fall wirkte sie ihm gegenüber etwas distanzierter.

Anton war unsicher, was das alles auf Dauer bringen würde. Aber er wollte Pias berichten. Ihm Vollzug melden, hieß das wohl einem Kompanieführer gegenüber. So machte sich Anton am letzten Freitag vor Weihnachten auf zur Villa. Es war feucht, gleichzeitig empfindlich kalt. Noch kein richtiger Winter, aber extrem ungemütlich. Als Anton aus dem Schutz des Waldes trat, empfing ihn ein heftiger Wind. Auf einem Forstweg weiter hinten war ein Auto zu sehen. Gegen den Wind gestemmt ging er auf die Villa zu.

Plötzlich hörte er Hundegebell und eine laute Männerstimme: »Keine Bewegung! Mein Hund hat Sie gestellt! Verlassen Sie sofort das Gelände!« Anton wunderte sich über die gestelzte Sprache. Dann hörte er Pias tiefe Stimme: »Ich hab nichts gegen Hunde und der Hund hat nichts gegen mich!« Pause. Undeutlich war eine zweite Stimme zu vernehmen, die Anton nicht richtig orten konnte.

Der Tonfall des Hundehalters wurde schärfer: »Und von den Kindern lässt du die Finger, du dreckiger Penner, alter Wichser! Hast es auf die Mädchen abgesehen, hä? Gesocks wie dich sollte man einsperren!« Anton schlich sich im Schutz der Büsche näher ans Haus heran. Jetzt hörte er Pias' dunkle, grollende Stimme: »Scher dich doch zum Teufel. Ich weiß genau, wer ihr seid und was ihr wollt.« Dann sprach er offenbar zum Hund mit monotoner, immer noch eher ruhiger Stimme: »Guter Hund, Pias mag Hunde, guter Hund!« Wieder Hundegebell. Plötzlich: »Fass, Hasso!«

Anton hielt den Atem an. Er konnte die gespenstische Szene auf der Terrasse nicht vollständig überblicken, in der Dunkelheit auch keine Details erkennen, doch was er sah, reicht: Ein großer sportlicher Mann Anfang zwanzig auf der einen Seite. Pias mit seinen über 50 Jahren, in mehrere Schichten Kleidung gehüllt und dadurch eher unbeweglich, auf der anderen. Der Hund, ein Schäferhund, dazwischen.

Den Maulkorb hielt sein Herr in der Hand. Der Hund preschte bellend vor, konnte sich aber offenbar nicht zu einem eindeutigen Angriff entschließen. Kurz vor Pias, der monoton beruhigend auf ihn einredete, drehte er ab. Der Mann brüllte ihn an und hetzte ihn erneut nach vorne. Wieder griff er an, um im letzten Moment umzukehren. Mindestens dreimal ging das so. Dann hörte Anton die zweite Männerstimme wieder aus dem Hintergrund: »Nun mach endlich!«

Der Hundehalter zog plötzlich hinten aus dem Hosenbund einen Schlagstock hervor und ging auf Pias los. Nun war auch der Hund nicht mehr zu bremsen. Pias hatte keine Chance. In Antons Kopf ging es drunter und drüber. Was sollte er tun? Dazwischengehen? Nein, das war Wahnsinn. Anton hatte einfach nur noch Angst, sah noch, wie Pias stürzte, sich intuitiv zur Seite rollte und sein Gesicht vor Hund und Knüppel schützte.

Da fasste er einen Entschluss. Es gab nur eins: Aufsehen erzeugen, ohne sich selbst in Gefahr zu bringen. Er rannte los.

So schnell wie möglich Verstärkung holen. Natürlich war hier keine Menschenseele unterwegs. Mindestens musste er versuchen Niklas holen. An der Autobahnbrücke gab es eine Telefonzelle. Am Wald erreichte ihn Pias' Schrei, wie der Schrei eines verwundeten Tieres, unbändig, angstvoll, schrecklich. Antons Herz schlug bis zum Hals. Er rannte so schnell er konnte, aber er spürte schon, das alles dauerte viel zu lange. Niklas war zum Glück gleich am Apparat. Er zögerte keinen Moment. Ein Freund war bei ihm. Zu zweit wollten sie sofort kommen.

Die beiden waren zwar rasend schnell, aber für Anton war es eine Ewigkeit. Als sie endlich bei der Villa ankamen, war alles zu spät. Von den Männern und dem Hund keine Spur mehr. Und was das Schlimmste war, auch Pias war verschwunden. Natürlich hatte Anton in der Aufregung nicht auf die Uhr gesehen. Er schätzte, dass höchstens zehn Minuten vergangen waren, seit er Pias' Schrei gehört hatte. Dieser Schrei ging ihm nicht mehr aus den Ohren. Noch nie hatte er jemanden so schreien hören. »Pias muss verletzt sein. Wie die auf ihn los sind, sag ich euch ...«

»Diese Schweine«, sagte Niklas.

»Pias hatte keine Chance. Mit seinen vielen Klamotten war er ganz unbeweglich. Der konnte sich nicht mal wehren«, meinte Anton, »den Hund hat er erstaunlich lange im Griff gehabt, bis sich der zweite Mann einmischte.«

»Wo kann Pias hin sein?«, fragte Niklas, »ob die ihn mitgenommen haben?«

»Um ihn mitzunehmen, bräuchten sie ein Auto«, meinte der Freund.

Anton sah Niklas an: »Am Waldrand stand ein Auto, ein blauer Kombi.«

»Weißt du die Nummer?«

»Nein, das Auto stand viel zu weit weg.«

»Hier vorne sind keine Reifenspuren. Ich glaube nicht, dass sie ihn mitgenommen haben. Pias wird in den Wald geflohen sein«, vermutete Niklas. Dann rief er so laut er konnte: »Pias, Pias! Komm zurück. Die Gefahr ist vorbei!« Anton wunderte sich, wie laut er schreien konnte. Gemeinsam riefen sie noch einmal, noch kräftiger. Stille. Keine Antwort. In den Wald laufen und suchen? In welche Richtung? Bei dieser Dunkelheit hatten sie keine Chance. Mit den Fahrrädern blieb ihnen ohnehin nur der Hauptweg. Ohne Taschenlampen und nur mit Feuerzeugen suchten sie alles ab. Der Kies war zerwühlt. Das Einzige, was sie fanden, waren drei Stofffetzen, vermutlich von Pias' altem Bundeswehrparka, der eine davon war mit Blut verschmiert. Ratlos und ohnmächtig wütend mussten sie abziehen. Hier wollten sie nicht länger bleiben, obwohl es Anton schwer fiel einfach wegzugehen.

Anton, der wusste, dass Sofie zu Hause war, schlug vor zu ihr zu gehen und ihr alles zu berichten. Niklas' Freund, der ohnehin nicht recht verstand, warum sie Pias so wichtig nahmen, musste nach Hause. Niklas kam mit. Der Rückweg dauerte lange, die ohnmächtige Enttäuschung machte müde.

Sofie öffnete die Tür. Sie sah sofort, dass etwas nicht stimmte. »Kommt rein.« Sie lotste die beiden in die Küche, wo sie gerade mit ihrer Mutter beim Abendbrot saß. »Ist was mit Luise?«, fragte sie als Erstes.

»Nee, mit Pias!«, antwortete Anton. Dann schilderte er kurz und knapp, was er gesehen und gehört hatte. Als er zu dem gellenden Schrei kam, traten ihm Tränen in die Augen. Hier in der wohnlichen Küche löste sich die Anspannung, kam ihm alles noch unheimlicher vor. Auch die Mutter war entsetzt; sie fragte nur immer wieder: »Wer macht denn so etwas, wer macht denn so etwas?« Darauf wusste auch Anton keine richtige Antwort. Er erinnerte sich an einige rechte Sprüche. Konnte das jemand sein, der einfach Penner hasste, der Ruhe und Ordnung wollte – um jeden Preis? Dem Menschen wie Pias ein Dorn im Auge waren? Oder hatte Pias besondere Feinde, von früher aus der Bundeswehrzeit? Was war mit diesem Typen, der sich im Hintergrund gehalten hatte, den Anton gar nicht hatte sehen können?

Sie stellten noch eine Weile Vermutungen an, überlegten, was Pias jetzt wohl tun würde, und merkten, wie wenig sie über ihn wussten. Was konnten sie tun, um ihn zu finden und zu sehen, ob er Hilfe brauchte? Anton machte sich Vorwürfe, dass er nicht gleich die Polizei gerufen hatte. Doch Niklas beruhigte ihn: »Schneller als ich wären die auch nicht da gewesen. Das heißt, die hätten auch niemand mehr angetroffen.«

Sie beschlossen, am nächsten Tag die umliegenden Krankenhäuser anzurufen, und verabredeten sich direkt nach der Schule in der Villa, um zu sehen, ob Pias dort war. Damit rechnete aber eigentlich niemand, denn so weit kannten sie Pias schon: Immer, wenn etwas Besonderes passiert war, auch wenn er sich nur aufgeregt hatte, verschwand er für einige Tage und tauchte erst später wieder auf, und zwar gerade, wenn niemand mit ihm rechnete. Trotzdem wollten sie zur Villa kommen. Vielleicht fanden sie im Hellen und mit Hilfe von Pias' Sachen Anhaltspunkte, wo er sein konnte.

Anton wollte in jedem Fall heute noch der Polizei Bescheid geben. Er glaubte nicht, dass Pias sich sofort dahin wenden würde. Aber er wollte das schreckliche Ereignis zumindest melden. Die Beamten nahmen alles auf und versprachen sich der Sache anzunehmen. Sie vermuteten, dass Pias bald wieder auftauchen würde.

Wo ist Pias?

Am nächsten Morgen trafen sich Sofie, Anton und Niklas direkt nach der Schule an der Villa. Sofie brachte Handy und Telefonbuch mit. »Lasst uns erst die Spuren sichern«, meinte Niklas fachmännisch.

»Das ist hier kein Krimi«, brummelte Anton.

»Na ja, vielleicht hat Pias ja irgendetwas hinterlassen, woraus wir sehen können, wo er steckt.«

Etwas unsicher betraten sie Pias' Raum. Durften sie so einfach in seinen Sachen wühlen? Offensichtlich war er Hals über Kopf davongestürmt und hatte fast seine ganze Habe zurückgelassen. Niklas überwand seine Scheu als Erster. »Wie sollen wir ihm sonst helfen?«, fragte er, ohne eine Antwort zu erwarten, und begann in Pias' Taschen und Beuteln zu wühlen: alte Zeitungen, ein paar Klamotten, einige handgeschriebene Papiere, die wie Flugblätter aussahen.

»Zeig mal!«, bat Sofie, nahm Niklas die Blätter aus der Hand und begann sie zu lesen. »Mensch, der beschäftigt sich mit Tierschutz. Hört mal die Überschriften: ›Artgerechte Tierhaltung‹, ›Artgerechte Lebensweise des Menschen‹ und hier: ›Der Mensch ist das einzige Lebewesen, das nicht in der Lage ist, artgerecht zu leben‹.«

»Den Satz kennen wir doch schon«, unterbrach Niklas. Er hatte inzwischen weiter Pias' Habe durchsucht und alles, was ihm bedeutsam erschien, auf Pias' Lager ausgebreitet: Ein Lageplan mit einigen Kreuzen und ansonsten völlig unverständlichen Symbolen, ein vergilbtes Kinderfoto und ein abgegriffenes Bild mit mehreren jugendlichen Kerlen, die ein hübsches Mädchen umgaben. Ein kleinerer Junge hatte ihre Hand gefasst und schien sie wegziehen zu wollen. »Ob das wohl Pias ist?«, fragte Sofie.

»So brav?«, zweifelte Niklas, »das kann ich mir nicht vorstellen.«

Sofie nahm das andere Foto. »Seht mal hier. Hier hinten drauf steht ›Anne, 10 Jahre‹. Das wird wohl seine Tochter sein.«

»Wahrscheinlich, aber das bringt doch jetzt alles nichts. Lasst uns die Kliniken anrufen«, unterbrach Anton sie. Der Reihe nach riefen sie bei der Notaufnahme aller umliegenden Krankenhäuser an: Keine Spur von Pias. Und das lag sicher nicht daran, dass sie den eigentlichen Namen von Pias gar nicht kannten. Sie hatten schnell raus, ihn sehr genau zu beschreiben: »Ist bei Ihnen heute Nacht ein ungefähr 45 Jahre alter Mann mit langen grauen Haaren und langem Bart aufgenommen worden, ein Mann ohne festen Wohnsitz, der bei einer Schlägerei möglicherweise ernsthaft verletzt wurde?« Die Antworten waren zum Teil sachlich und klar, eine aber auch ziemlich unverschämt: »Macht euch um den doch nicht so viele Sorgen; der liegt bestimmt irgendwo und schläft seinen Rausch aus.«

Niklas, der gerade an der Reihe war, reagierte empört: »Ach ja, und woher kennen Sie Pias so genau? Der trinkt keinen Tropfen!«

Niemand hatte mit Pias zu tun gehabt. Auch die Polizei nicht. Sie hatten sich ohnehin kaum vorstellen können, dass Pias sich direkt an die Polizei wenden könnte. »Vielleicht hat er sich doch nicht richtig verletzt und ist nur so sauer, dass er sich erst mal versteckt«, wandte Niklas ein.

Anton widersprach: »Denk an diesen grässlichen Schrei!«

Luise taucht wieder auf

In dem Moment spürten sie einen deutlichen Luftzug. Irgendjemand hatte leise den Eingang passiert. »Pias, bist du's?!«, fragte Sofie halblaut. Doch es war nicht Pias. Luise betrat den Raum.

Die anderen drei blickten sie erstaunt an: »Was machst du denn hier?«, fragte Niklas und seine Frage klang schroffer, als sie gemeint war.

Luise erwiderte patzig: »Frag doch nicht so blöd! Mit Pias reden wollte ich. Aber was geht euch das denn an?« Sie machte eine kurze Pause. »Was ist mit Pias?«

Anton staunte: Bei der Band war Luise kaum noch gewesen, doch zu Pias war sie offenbar gegangen, und niemand hatte es bemerkt. Heute war auch gar kein Freitag, sondern Samstag. Anton war nicht enttäuscht, sondern erleichtert. Er dachte an sein merkwürdiges Gespräch mit Pias.

Luise unterbrach das allgemeine Schweigen: »Ey, könnte mal jemand antworten, was ist mit Pias?«

Niklas antwortete: »Pias wurde verprügelt, wahrscheinlich verletzt und wir wissen nicht, wo er steckt.«

Luise erschrak, wurde noch bleicher als ohnehin schon und schüttelte stumm den Kopf: »Wer macht denn so was?«

»Wir haben wenig Hinweise«, meinte Niklas, »Anton hat es beobachtet, aber niemanden erkannt, nur ein paar Brocken aufgeschnappt. Wahrscheinlich Neos.«

Luise blickte mit zusammengekniffenem Gesicht von einem zum anderen.

»Wir haben schon reichlich rumtelefoniert«, sagte Sofie, »in den umliegenden Krankenhäusern ist er nicht und die Polizei weiß auch von nichts.«

Luise wies mit dem Kopf auf Pias' Lager: »Und gibt's bei Pias' Sachen keine Hinweise?«

»Nichts. Ein paar Fotos und einen merkwürdigen Plan mit verrückten Zeichen.« Niklas reichte ihr, was er gerade in der Hand hatte. Sie warf nur einen kurzen Blick drauf und sagte dann knapp: »Das ist Pias mit seiner Schwester und das ist sein Depotplan.« Die anderen drei blickten verdutzt.

»Depotplan? Wir sind doch nicht bei der Sparkasse«, versuchte Niklas zu scherzen. Doch den anderen war nicht danach. Luise

erinnerte ihn an die erste Begegnung mit Pias: »Denk mal an Pias'
Worte damals: ›Depots in der Nähe sind gefährlich!‹ Die meisten
seiner Depots sind noch weiter weg als das, was er dir gezeigt
hat. In vielen Wäldern außerhalb der Stadt hat er einen Unter-
schlupf mit Klamotten und Lebensmitteln.«

»Du bist ja bestens informiert«, sagte Niklas etwas spitz. Aber
Luise reagierte nicht darauf. Sie sinnierte einen Moment über den
merkwürdigen Symbolen, die sie als »Depotplan« bezeichnet hatte. Ohne aufzublicken, fragte sie: »Woher wisst ihr eigentlich, dass
er verletzt ist?«

Anton berichtete von dem schrecklichen Schrei. Seine Stimme zitterte und Luise schossen Tränen in die Augen. Sofie legte
einen Arm um ihre Schulter und seit langem zum ersten Mal ließ
Luise es geschehen. Sie schluchzte einen Moment, zischte dann
durch die Zähne: »So eine Gemeinheit, so eine gottverdammte
Gemeinheit.« Dann wandte sie sich wieder dem Plan zu.

»Warum sind seine Depots so weit weg«, fragte Anton.

»Was weiß ich, das sind halt seine Macken aus der Bundeswehrzeit«, Luises Worte klangen ein bisschen abfällig und doch
auch liebevoll.

»Habt ihr schon die Krankenhäuser in der Nähe der Depots
angerufen?«, fragte sie plötzlich. Nein, auf die Idee war keiner
gekommen.

»Wir konnten mit dem Plan nichts anfangen. Aber auch jetzt
wissen wir gar nicht, was die Zeichen bedeuten«, warf Anton ein.

»Von einigen Depots hat er erzählt«, antwortete Luise. »Viel-
leicht erinnere ich mich anhand der Zeichen ... Hier, das mit dem
›P‹ ist in Pinneberg. Und die Welle hier oben könnte ein ›W‹ sein:
Winsen. Los, worauf warten wir noch?«

Sofie nahm das Handy und schob Niklas das Telefonbuch hin.
»Such erst mal das Krankenhaus in Pinneberg.«

Die Aufregung hatte nun alle gepackt. Niklas suchte fieberhaft, riss vor Hektik ein paar Seiten ein und diktierte die Zahlen.
Sofie sprach routiniert ins Handy; den Text hatte sie ja nun schon

mehrfach abgespult. Doch in Pinneberg hatte es in der Nacht nur eine Notaufnahme gegeben. Und das sei ganz bestimmt kein Penner gewesen. Sofie legte auf.

»Jetzt Winsen«, befahl Luise. Wieder raschelte das Telefonbuch, klickten die Tasten des Handys: »Ein Bekannter von mir hat sich heute Nacht verletzt. Wir wissen nicht genau, wo er aufgenommen wurde. Gab es bei Ihnen eine Notaufnahme? Es geht um einen Mann Mitte vierzig mit langen Haaren und einem langen grauen Bart.«

»Einen Moment, bitte.« Sofie hatte das Handy laut gestellt. Alle lauschten gespannt. Dann klang die unbeteiligte Stimme wieder durch den Raum: »Wir hatten eine Aufnahme, aber das wird Ihr Bekannter kaum sei, ein Mann ohne festen Wohnsitz ... oder meinen Sie den?« Sofie nickte eifrig, ohne ein Wort zu sagen.

»Hallo, sind Sie noch da?« Sofie bekam vor Aufregung kein Wort heraus.

»Du musst was sagen«, meinte Niklas trocken.

»Doch, der ist's!«, rief Anton aus dem Hintergrund. »Wir kommen vorbei«, ergänzte Niklas, doch da hatte Sofie schon aufgelegt.

Besuch im Krankenhaus

Am nächsten Tag machten sich alle vier auf den Weg. Zu viert mit der Bahn bis in die andere Stadt, das war zwar nicht billig, doch Niklas hatte noch die 150 Mark. Und alle waren der Meinung, dass das Geld dafür gut angelegt war. Sofie schlug vor, Pias Blumen mitzubringen. Doch das schien Niklas kindisch. Schließlich einigten sie sich auf Obst und eine Tageszeitung.

Als sie beim Pförtner in der Eingangshalle nach Pias fragten, schüttelte der den Kopf: »Nein, einen Herrn Pias haben wir hier nicht. Soll das ein Patient sein oder ist das vielleicht ein Mitarbeiter?«

»Wir wollen zu dem Mann, der gestern Nacht aufgenommen wurde«, schob Niklas nach.

Der Pförtner blickte sie mit hochgezogener Augenbraue an. »Wenn ihr den Obdachlosen mit dem Beinbruch meint, der liegt auf Station 7b.«

Die Oberschwester war erstaunt, aber freundlich: »Der Pförtner hat schon angerufen, ihr wollt zu dem Herrn, der sich Pias nennt, nicht wahr?«

Als sie eifrig nickten, fragte sie weiter: »Ihr seid doch nicht seine Kinder, oder?«

»Wir kennen ihn nur so, aber können Sie uns sagen, was mit ihm ist?«

»Komplizierter Beinbruch. Er muss liegen. Keiner von uns versteht, wie's dazu kam. Er redet nur wirres Zeug. Lag gestern Nacht im Wäldchen hinter der Bahnlinie, und das bei dieser Kälte. Muss schwer gestürzt sein, dabei war er gar nicht betrunken.«

Anton unterbrach sie: »Pias ist nicht gestürzt, er wurde zusammengeschlagen und hat sich dann hierher geschleppt. Und trinken tut er auch nicht.«

Es war unklar, ob die Schwester Antons Worten Glauben schenkte. Statt nachzufragen murmelte sie nur: »Pias ... merkwürdiger Name, na ja, nun geht mal, er liegt auf Zimmer 12.«

Zimmer 12 war ein Dreierzimmer. Sie klopften, traten ein – und hatten Mühe auszumachen, wo Pias war. Drei ordentliche weiße Betten, drei Männer in Flügelhemden und mit Beinbrüchen. Alle vier erkannten sie Pias erst auf den zweiten Blick. Zu ungewohnt war das Bild: Pias ordentlich rasiert und gewaschen im Krankenhausbett. Seine zum Zopf gebundenen langen grauen Haare gaben ihm ein verwegenes und zugleich vornehmes Aussehen. Pias schien ein wenig zu schmunzeln, als er ihre suchenden Blicke endlich auffing. Er seinerseits schien über ihren Besuch nicht überrascht.

»Pias im Bett, da staunt ihr. Brauchte 'ne neue Zuflucht.« Er zeigte auf sein Bein, das im festen Gips auf einer Schiene lag. »Ging nicht mehr draußen.«

»Und wie ist es, mal wieder in einem richtigen Bett zu liegen?«, fragte Luise. »Gar nicht so schlecht, wie ich dachte.« Dann aber verfinsterte sich plötzlich seine Miene: »So einfach kriegen die mich nicht klein.«

Anton trat neben Luise: »Ich hab noch versucht Hilfe zu holen, aber wir kamen zu spät.« Pias schien gar nicht überrascht, dass Anton von dem Überfall wusste. Er schien ohnehin davon auszugehen, dass alle Bescheid wussten, das ersparte ihm das lange Erzählen.

»Zwei gegen einen ... echt feige!«, mischte sich nun auch Niklas ein. Pias sah ihn dankbar an: »Eigentlich waren es sogar drei – mit dem Hund. Den hatte ich im Griff, bis der Typ den Knüppel zog.«

»Du hattest keine Chance – allein schon wegen der vielen Klamotten, die du anhattest. Konntest dich ja kaum bewegen.«

Pias nickte heftig: »Schützen konnte ich mich, zu Boden werfen, in die Bank gehen und das Gesicht verstecken. Nur mein Bein konnte ich nicht schützen.«

Anton wollte Pias ebenfalls beistehen: »Du hattest den Hund wirklich gut im Griff; der ist immer nur hin- und hergerannt. Erst als sich der Anführer einmischte, da konntest du nichts mehr machen.«

»Weißt du, wer das war?«, fragte Luise.

Pias schüttelte den Kopf: »Den hinteren konnte ich gar nicht richtig sehen, der vorne war groß und noch ziemlich jung.«

»Warum haben die das gemacht?« Luise sah Pias an.

Pias knurrte nur: »Neos oder Alkis!«

»Stimmt«, meinte Anton, »Neos mögen keine Bettler.«

Pias blickte ihn an: »Bin kein Bettler.«

Anton wurde rot.

Niklas wollte seinen Freund nicht im Regen stehen lassen: »Na, Anton meint, dass die Neos gegen alle sind, die nicht so spießig leben wie sie selbst ...«

»Alkis auch nicht«, warf Pias ein.

Anton hatte sich schon wieder gefangen. »Pias, was hat der Kerl bloß damit gemeint, dass du die Mädchen in Ruhe lassen sollst.«

Luise unterbrach ihn: »Das habt ihr mir gar nicht erzählt.« Irgendetwas an dieser Wendung gefiel ihr ganz und gar nicht.

Pias antwortete nicht auf Antons Frage, schüttelte nur den Kopf. »Der eine hatte ein Hunde-Abzeichen an der Jacke.« Die vier sahen ihn an. »Die wollen Hunden beibringen, keine Hunde mehr zu sein; sollen hassen wie Menschen.«

Niklas meinte: »Das ist ja immerhin ein Anhaltspunkt. Damit können wir doch was anfangen. Wir werden den Kerl suchen. Wir besorgen Fotos und dann kommen wir wieder.« Als die anderen sich über seine Sicherheit wunderten, ergänzte er: »Einer dieser Vereine zur Rettung des Deutschen Schäferhundes ist ganz bei uns in der Nähe; da fangen wir an.«

Sie fragten noch nach Pias' Verletzungen. Doch Pias winkte nur unwillig ab, erzählte dann lieber und nicht ohne Stolz, wie er mit einem letzten Aufbäumen, mit all seiner Kraft und Wut sich aufgerappelt und die beiden Kerle so wüst beschimpft hatte, dass die von ihm abließen. Den einen Kerl hatte er sogar noch gepackt und ihm mit den Fingernägeln eine lange Schramme ins Gesicht gezogen. Dann war er davongehumpelt und hatte sich in den Wald geflüchtet. Alle vier waren beeindruckt, dass Pias doch noch beinahe als Sieger vom Platz gegangen war. Und Pias tat ihre Bewunderung sichtlich gut.

Schließlich erfuhren sie noch, was schon die Krankenschwester angedeutet hatte: Pias hatte sich zu einem seiner Depots flüchten wollen, war erst mit Bus und Bahn gefahren, dann aber noch ein weites Stück gelaufen, bis die Schmerzen immer schlimmer wurden. Schließlich war er mitten in der Nacht zusammengebrochen. Und nur seiner dicken, mehrschichtigen Kleidung und seiner Abhärtung war es zu verdanken gewesen, dass er nicht erfroren war. Pias hatte mit unbewegter Miene gesprochen. Die vier hörten gebannt zu. Nur Luise zischte immer wieder: »So eine Gemeinheit!« Pias schien es wichtig, alles zu erzählen. Und mit wem sonst hätte er sprechen sollen?

Schließlich drängte die Zeit. Die nächste Bahn mussten sie erwischen. Sofie wollte noch schnell wissen, ob die Schwestern nett zu ihm waren. Pias nickte nur: »Alles okay!« Dann griff er in die Schublade des kleinen Schränkchens, das am Bett stand, holte einen gewöhnlichen kantigen Stein heraus und hielt ihn hoch: »Damit habe ich im Vorbeigehen das Auto zerkratzt.« Die vier starrten ihn verblüfft an.

Anton fragte sofort: »Den blauen Kombi am Waldrand? Meinst du, der gehörte den Kerlen?«

»Weiß ich nicht genau.«

»Als wir kamen, war er weg«, erläuterte Niklas.

»Hab ich ja vielleicht den richtigen erwischt«, knurrte Pias grimmig.

»Zu blöd, dass ich mir das Kennzeichen nicht gemerkt habe.«

»Ich auch nicht, war stockdunkel, wollte nur weg«, meinte Pias.

»Sind die denn nicht gleich hinter dir her«, wollte Niklas wissen.

»Die haben erst noch im Haus zu tun gehabt.«

Viel Zeit blieb nun nicht mehr. Beim Rausgehen versprachen sie, bald wieder zu kommen. Dann mussten sie los. Auf der Rückfahrt hatten sie Zeit genug, Pläne zu schmieden.

Auf der Suche

Die Beobachtung des Hundezüchtervereins übernahmen Anton und Niklas. Niklas hatte sich bei Stephan einen Presseausweis von der Redaktion der Schülerzeitung besorgt. Sie wollten so tun, als würden sie eine Reportage schreiben, mit Fotos natürlich. Nebenbei wollten sie versuchen den blauen Kombi ausfindig zu machen. Der Verein lag wirklich in unmittelbarer Nähe der Villa. Sie fuhren von hinten an das Vereinsgelände heran, stellten die Räder ab und konnten vom Zaun aus alles gut überblicken: niedrige Holzpavillons, mehrere Hundezwinger und dann weitläufige Übungsplätze mit Holzzäunen.

»Sieh mal«, Niklas zupfte Anton am Arm und wies auf einen etwas abgelegenen Übungsplatz. Zwei Männer versuchten einen Hund darauf abzurichten, eine fliehende Person anzugreifen. Einer von beiden war durch dicke Lederbänder geschützt. Auf Befehl stürzte der Hund hinter ihm her und biss sich an dem geschützten Arm fest.

»Lass uns dort anfangen mit den Fotos«, schlug Anton vor. Doch in diesem Moment rief eine Stimme aus dem Hauptpavillon den Männern etwas zu, was sie nicht genau verstehen konnten. Die beiden beendeten ihre Arbeit. Der eine brachte den Hund in einen großen Auslauf, dann begaben sie sich ins Hauptgebäude.

Anton und Niklas warteten eine Weile, dann schlichen sie sich durch den Eingang näher. »Die haben wohl eine Vereinsversammlung«, meinte Anton.

Niklas lugte vorsichtig durchs Fenster: »Schlimmer noch, 'ne Weihnachtsfeier!«

Anton stellte sich neben ihn. »Ist doch gar nicht schlecht, dann haben wir alle auf einmal.«

»Ob das geht, durchs Fenster?«

»Wir versuchen es einfach.« Anton hatte gerade sein Objektiv ausgerichtet, da öffnete sich die Haustür ein paar Schritte von ihnen entfernt. ›Scheiße!‹, schoss es Anton durch den Kopf und er nahm den Apparat herunter.

Ein großer Mann trat heraus: »Was macht ihr denn hier?«

»Wir machen, eh ... wir wollen einen Bericht für unsere Schülerzeitung schreiben.«

Der Mann schien zwar etwas überrascht, aber durchaus erfreut. Er blieb neben ihnen stehen. »Das ist eine gute Idee. Aber heute ist ein schlechter Tag. Wir haben eine Weihnachtsfeier. Kommt doch Montag wieder. Dann bin ich wieder hier, kann euch alles zeigen und ein bisschen was erzählen von unserer Arbeit.«

»Ja, vielen Dank, danke für das Angebot«, stammelte Niklas.

»Doch, doch, schreibt mal über uns, das ist gut. Viele Menschen haben Vorurteile gegenüber Hundevereinen. Die meinen, wir seien Tierquäler. Natürlich, auch bei Hundehaltern gibt es schwarze Schafe, aber wir hier versuchen dem Wesen der Tiere so gut es geht gerecht zu werden. Und Hunde sind nun mal Wesen, die klare Führung brauchen, jedenfalls wenn sie mit Menschen zusammenleben. Na ja, jetzt muss ich schnell was holen und dann wieder rein. Kommt Montag noch mal, ab 17 Uhr bin ich auf jeden Fall hier.« Er verabschiedete sich und verschwand in einer anderen Tür, aus der er kurz darauf schon wieder heraustrat. »Wartet!« Er kam ihnen nach und drückte Anton eine Zeitung in die Hand: »Hier, das ist unsere Vereinszeitung, da habt ihr schon mal einen Eindruck.« Dann verschwand er.

Anton und Niklas gingen zu den Rädern. »Das ist ja 'ne schöne Pleite«, meinte Niklas.

»Na, der war jedenfalls ganz nett. Immerhin können wir uns am Montag mal in aller Ruhe umsehen. Mal sehen, wer am Montag so alles hierher kommt. Ob das mit der klaren Führung wohl stimmt?«

Niklas kicherte auf einmal vor sich hin. »Jedenfalls gibt es auch bei Hunden ›schwarze Schafe‹.«

»Blödmann«, erwiderte Anton und schwang sich auf sein Rad. »Komm, wir fahren jetzt vorne rum über die Straße.«

Als sie am Parkplatz vorbeikamen, bremste Niklas plötzlich und wies nach vorne: »Der blaue Kombi!« Sie rollten vor, um ihn näher zu betrachten. Eine tiefe Kratzspur auf der Beifahrerseite war poliert und mit Rostschutzfarbe gestrichen worden.

Anton staunte: »Da hat Pias ja mächtig zugeschlagen.«

»Das muss jedenfalls der Wagen sein; jetzt müssen wir nur noch rausfinden, wem er gehört.«

Fast zwei Stunden mussten sie im Gestrüpp auf der anderen Straßenseite ausharren. Gerade wollten sie aufgeben. Anton hatte Hunger und Niklas keine Lust mehr, den Typen würden sie ohnehin früher oder später kriegen. Ein älterer Mann kam aus dem Eingang und ging auf den Parkplatz zu.

»Der kann es nicht sein, der ist ja uralt«, meinte Anton, »die waren jünger.« Doch der alte Mann ging zielstrebig auf den blauen Kombi zu und steckte den Schlüssel ins Schloss.

Anton ging vor und fragte: »Ist das Ihr Auto?«

»Ja, natürlich. Oder sehe ich aus wie ein Autoknacker?« Der Mann stieg ein und fuhr davon.

Niklas sah Anton an, der zuckte mit den Schultern.

Luises Ahnung

Luise war wieder einmal alleine zu Hause. Weihnachten lag hinter ihr. Die Eltern waren überwiegend mit Zanken beschäftigt gewesen. Sie stand am offenen Fenster oben in ihrem Dachzimmer und blies ihren Atem in die kalte Luft hinaus. Es entstanden kleine Wölkchen. Luise musste an Pias denken. Seine unbändige Sorge um die Tochter hatte sie angerührt. Ein bisschen mehr Sorge von Mutter oder Vater würde ihr jetzt gut tun. Aber die waren nur mit sich und ihrem Streit beschäftigt.

Nun lag Pias mit gebrochenem Bein im Krankenhaus. Wer konnte das gewesen sein? Irgendein Saubermann, irgendeiner, der keine Obdachlosen mag? Jemand, der Übergriffe auf Kinder fürchtet? Luise dachte an die Sätze, die Anton aufgeschnappt hatte. Kinder? Sie waren ja keine Kinder mehr. Und Pias war in dieser Hinsicht so was von harmlos. Der, und überhaupt ... das konnte sie sich gar nicht vorstellen.

Wie hatte Pias den Typen beschrieben? Der eine relativ groß und kräftig, Anfang zwanzig. Und der zweite, den Pias kaum gesehen hatte, eher sportlich, etwas eleganter, deutlich jünger. Ja, ja. Aber das Auto, sie kannte niemanden mit einem dunkelblauen Kombi. Sie schloss das Fenster und warf sich auf ihr Bett. Diese Unruhe hing bestimmt nicht mit den Pillen zusammen.

Leo hatte ihr für heute einen Korb gegeben. Er war rausgefahren aus der Stadt, um sich irgendwo auf einem Parkplatz mit jemandem zu treffen, wahrscheinlich wegen seinem »Zeug«. Leo – kannte sie ihn eigentlich wirklich? Manchmal waren sie sich so nah, er konnte sehr zärtlich und liebevoll sein, dann wieder war er ihr völlig fremd. Als sie ihn einmal Pias gegenüber beschrieben hatte, kommentierte der nur: »Windei«, und wandte sich gleichgültig ab. So ein Typ interessierte ihn nicht. Luises Gedanken wanderten weiter. Leo hatte umgekehrt auf ihre Erzählungen über Pias sehr viel heftiger reagiert. Wahrscheinlich war es ein Fehler gewesen, Pias überhaupt zu erwähnen.

Luise ging in ihrem kleinen Zimmer auf und ab. Die Unruhe hatte sich im Kopf festgesetzt, war nicht mehr zu bändigen. Da klingelte es an der Haustür.

Das konnte nur Anton sein. Sie wollten sich für den nächsten Besuch bei Pias verabreden und überlegen, was er im Krankenhaus wohl noch gebrauchen könnte. Sie zog die Tür auf. Es war nicht Anton. Mit seinem breiten, gewinnenden Lachen stand Leo vor der Tür: »Bin schon früher zurück. Darf ich reinkommen?« Er wartete eine Antwort gar nicht erst ab, wollte Luise schon in den Arm nehmen, doch sie wich aus.

»Komm«, sagte sie und ging vor in ihr Zimmer. Irgendwie konnte sie ihn jetzt nicht gebrauchen. Leo aber ließ sich nicht aus der Ruhe bringen: »Ich dachte, du freust dich, wenn ich doch noch vorbeikomme.«

Luise antwortete nicht und schloss hinter ihm die Zimmertür. Nein, sie war mit ihm nicht im Reinen ... Doch Leo hatte schon auf dem Sofa Platz genommen.

»Willst du was probieren? Ich hab was Neues.«

Luise lehnte ab. »Ich hab schon Kopfschmerzen.« Sie wäre jetzt am liebsten allein.

»Möchtest du was trinken?«

»Ja, gute Idee.«

Luise verließ das Zimmer und ging in der Küche zum Kühlschrank. Sie nahm eine Flasche Orangensaft heraus und holte zwei Gläser aus dem Schrank. ›Ja‹, dachte sie plötzlich ganz klar, ›ich will es wissen, egal, was passiert.‹

»Wir sind ziemlich im Stress mit dem Auftritt«, sagte Luise beim Eintreten ins Zimmer.

Leo hörte nur unwillig zu: »Willst du da echt weiter mitmachen?«

»Sag mal, kennst du nicht jemanden, der uns beim Transport helfen kann.«

Leo schüttelte den Kopf. »In mein Auto passt nur du«, sagte er charmant und mit großen Augen.

Luise blieb hartnäckig. »Jetzt überleg mal!«

»Ich kenne niemanden. Warum leiht ihr euch nicht einen VW-Bus?« Er wollte Luise in seine Arme ziehen, aber wieder entzog sie sich.

Sie ging aufs Ganze: »Und was ist mit dem Typen mit dem blauen Kombi?«

»Hä?« Leo musterte sie. Er stand auf und fragte schroff: »Was soll denn das jetzt?«

»Ich hab dich doch neulich mal mit so 'nem Typen gesehen, einer mit Schäferhund, der stieg in einen Kombi, blau oder grün, ich weiß nicht mehr so genau. So ein Auto wäre doch gut geeignet, da ginge alles rein ... Aber wenn du nicht willst, frag ich halt jemand anders ...«

Luise wunderte sich über sich selbst.

»Ach der, jetzt weiß ich, wen du meinst. So gut kenne ich den nicht, aber ich frag ihn.« Leo fingerte eine Zigarette aus seiner Schachtel, zündete sie an und zog den Rauch ruhig und tief ein.

Plötzlich klingelte es erneut. ›Was denn, noch jemand?‹ Luise ging vor zur Tür. Es war Anton. Er wollte eintreten und machte schon den Mund auf, um an ihre Verabredung zu erinnern, da hielt Luise ihn fest und legte sich den Zeigefinger auf den Mund. Auf einmal maulte sie los: »Muss das denn sein, das passt mir jetzt überhaupt nicht.« Anton schaute sie entgeistert an: Was war denn in die gefahren?

Doch Luise fuhr schon fort: »Das ist aber das letzte Mal, danach ist erst mal Schluss. Jetzt muss ich schon meinen Freund nach Hause schicken, nur ...« Bevor Anton irgendetwas erwidern konnte, hatte sie sich schon umgedreht. Anton blieb einfach stehen. Luise erklärte Leo mit dem allergrößten Bedauern, dass sie doch noch mal wegmüsse. Sie müssten etwas umstellen für den Auftritt, aber sie könne ja später noch bei ihm vorbeikommen.

Leo war sauer und verschwand ohne viele Worte. An der Tür ging er an Anton vorbei, ohne ihn zu grüßen. Die Autotür schlug zu, der Motor lief an.

»Was war denn das nun wieder?«

»Das erklär ich dir später, muss erst noch was rauskriegen. Bin froh, dass du gekommen bist und ich Leo erst mal elegant abhängen konnte.«

PIAS' GEHEIMNIS

Verlegung

Am nächsten Morgen schwänzte Luise die Schule. Es gab Wichtigeres. Im Unterricht würden ihre Gedanken ohnehin immer wieder abschweifen. Sie musste Klarheit haben, musste endlich wissen, was dran war an ihrer Ahnung. So redete sie in Gedanken zu sich selbst, als sie endlich in der S-Bahn saß. Seit dem letzten Besuch im Krankenhaus war sie diese Unruhe nicht losgeworden. Nun wollte sie zu Pias fahren. In der Jackentasche hatte sie ein Foto. Vielleicht würde Pias die Person erkennen. Ihr wurde heiß und kalt bei dem Gedanken, dass Leo hinter der Sache mit Pias stecken könnte. Sie selbst hatte ihm von ihren Besuchen bei Pias erzählt, auch von ihren Zweifeln. Und Leo hatte immer unwirscher reagiert. Sie solle sich von dem alten Penner fernhalten, der sei gefährlich. Richtig drohend war er geworden. Sie solle aufhören, ihm von Pias die Ohren »voll zu quatschen«. Wenn sie nicht aufhören würde, ihn zu besuchen, würde noch was passieren. Als sie nachfragte, hatte er behauptet, Pias sei doch nur scharf auf junge Mädchen. So ein Quatsch! Und sie hatte sich einzureden versucht, Leo sei vielleicht eifersüchtig, war sich bei dem Gedanken sogar ganz toll vorgekommen. Eine dumme Gans war sie gewesen. Luise schimpfte mit sich. Immer klarer wurde ihr, wie das Ganze wohl abgelaufen war, und immer aufgeregter wurde sie, je mehr die Bahn sich Winsen näherte. Plötzlich schrak sie zusammen: Hatte sie gerade laut gesprochen? Sie blickte verschämt auf. Das Abteil war leer.

In Winsen angekommen, packte sie ihre Schultasche, die sie, um nicht weiter aufzufallen, mitgenommen hatte. Sie eilte zum

Krankenhaus und stahl sich am Pförtner vorbei, der beschäftigt war. Oben auf der Station war reges Treiben. Vormittags war entschieden mehr los als am Nachmittag. Weißkittel eilten über den Flur. Krankenschwestern mit Verbandswagen hetzten hinterher. Luise ging schnurstracks zu Zimmer 12. Sie ging so schnell und dabei so selbstverständlich ihren Weg, dass niemand sie aufhielt. Sie klopfte und platzte dann ohne abzuwarten ins Zimmer. Zwei fremde Männer und in der Mitte ein gähnend leeres, weißes, frisch bezogenes Bett. Luise erstarrte. Hatte sie die falsche Tür erwischt? Sie lief wieder hinaus und vergewisserte sich. Nein, hier war Zimmer 12. Luise standen die Tränen in den Augen, als sie nun nach einer Krankenschwester suchte. Da lief ihr zum Glück die Stationsschwester, die sie beim ersten Mal schon getroffen hatten, über den Weg.

Sie eilte auf Luise zu und sagte schon von weitem: »Euer Pias ist nicht mehr hier.« Luise blickte sie entgeistert an. »Wir brauchen die Betten, jetzt kurz vor Sylvester. Für die ganzen Brandverletzten. Wir haben ihn verlegen müssen.«

Luise fand ihre Sprache wieder: »Aber er konnte doch noch gar nicht laufen. Der hat doch gar keine Wohnung. Wie soll er denn so draußen leben?«

Die Krankenschwester wollte sie beruhigen, ihr den Arm auf die Schulter legen, doch Luise schüttelte sie ab. Immer dieses Getatsche, wenn man zornig war. »Wir haben Herrn Pias nicht nach Hause entlassen ...« Sie korrigierte sich: »Na ja, ging ja auch nicht, weil er keins hat ... Wir haben ihn in die Psychiatrie verlegt. Er ist ja doch auch ein bisschen durcheinander im Kopf.«

Nun war Luise erst recht fassungslos: »Wohin? In die Psychiatrie?« Pias in die Psychiatrie, was sollte er denn da?

»Na ja, er ist doch reichlich verwirrt, erzählt merkwürdiges Zeug ...«

Luise verstand nun gar nichts mehr. Sie hatte Pias vor Augen, wie er ungewohnt strahlend, fast ein bisschen stolz und amüsiert über ihre überraschten Gesichter im weißen Bett gelegen hatte.

78

Die Krankenschwester spürte wohl ihre wachsende Empörung und wollte sie beschwichtigen. Doch Luise wandte sich um und rannte davon.

Freiheit

»Dann bringt mich doch ganz um, bringt mich doch endlich um!« Pias brüllte, so laut er konnte. »Immer nur schlagen, schlagen ... Die Deutschen stehen immer nur da und zeigen mit dem Finger auf einen. Dann sollen sie doch endlich Schluss machen, dann sollen sie doch lieber ganz Schluss machen ...« Pias hatte nun vollends die Fassung verloren. Alle unangenehmen Erfahrungen, die er in den sieben Jahren als Obdachloser, die er überhaupt in seinem ganzen Leben gemacht hatte, entluden sich in diesem Moment. Die Ereignisse in der kurzen Zeit hier in der psychiatrischen Klinik hatten alles auf die Spitze getrieben.

Keiner hatte geahnt, welche Überwindung es ihn gekostet hatte, überhaupt hier reinzugehen. Geschlossene Räume. Verschlossene Türen. Erst hatte man ihn in Ruhe gelassen. Er hatte nur schlafen wollen. Doch dann hatte er die Videokamera entdeckt. Eine kleine Kamera über der Tür oben an der Decke. Das Weitwinkelobjektiv reichte überall hin. Eine Überwachungskamera. Schlimmer als beim Militär. Pias hinter verschlossener Tür. Nein, schlimmer noch: Pias freiwillig in der Klapse. Weil sein Bett in der Chirurgie für irgendwelche verrückten Knaller gebraucht wurde. Pias unter Beobachtung! Ein Spisazer-Jäger unter feindlicher Beobachtung. Immer gesehen werden und nicht wissen, wer zusieht – welche Demütigung!

Doch warum? Warum geschah das alles? Weil er sich mit der Mafia angelegt hatte? Seine Gedanken wanderten zurück in die

Villa, die unerreichbar weit entfernt schien. Sein Gespräch mit Anton. Seine Suche nach den weißen Päckchen. Dann der unglaubliche Fund. Das hatten die ihm nicht verziehen. Dabei war es ihm doch nur um Luise gegangen. Die Mafia war ihm egal, die Bosse hatten keine Macht mehr über ihn. Doch steckten die vielleicht hinter der Schlägerei? Pias gewann plötzlich eine ungeheure Klarheit.

Die erste Nacht hatte er in dem kleinen Bad verbracht. Der Raum war eng, hatte keine Fenster. Eine Tortur für Pias. Und doch besser als unter Beobachtung. Niemand hatte bemerkt, wo er die Nacht verbracht hatte. Das hatte ihn erst ein wenig beruhigt. Doch dann die nächste Katastrophe: Die Videos liefen überall! Unauffällig war er durch alle Räume gegangen. Voller Panik und doch beherrscht, in seinen Bewegungen völlig ruhig – das harte Training eines Spisazer-Jägers. Überall hatte ihm eine Kamera entgegengegrinst. Auffällig unauffällig. Alles war unter Beobachtung. Da war ihm klar geworden: Hier war kein Bleiben für ihn. Hier nicht. Und noch ein Gedanke kam unweigerlich, drängte sich unaufhaltsam in den Vordergrund: Das würde wieder eine Stromleitung kosten. Wie damals am Elbufer in der eiskalten Nacht gab ihm diese Vorstellung Ruhe: Er würde wiederkommen und die Stromleitung kappen ... und all diese Kameras auslöschen – wenigstens für einen Moment.

Sein Plan hatte festgestanden, auch ohne diese aufgedrehte Frau. Er hatte nur noch nach einer Gelegenheit gesucht abzuhauen. Was dann passierte, wäre nicht mehr nötig gewesen. Diese aufgedrehte Frau kam lärmend auf ihn zu, wollte ihn umarmen. Niemand hatte ihn gewarnt! Er wollte nur abwehren. Da gab sie ihm einen gezielten Tritt auf das verletzte Bein und rauschte davon. Trotz all der Kameras sah ihn niemand und keiner kam ihm zu Hilfe.

Jetzt saß er hier in der Ambulanz und musste sich diese fürsorglichen Fragen anhören. Sah in das weiche Gesicht von diesem penetrant freundlichen Kerl ihm gegenüber. Das war zu viel.

Das Angebot einer Unterkunft kam zu spät. Nun nicht mehr. Nicht so. Er hatte sein Vertrauen verloren.

Er dachte an die vielen Schlägereien, die er in Notunterkünften schon erlebt hatte: Der lange Hagere mit den krummen Beinen, den sie Dschingis Khan nannten, hatte ihn am Bart durch den ganzen Schlafsaal gezerrt. Und im Vollsuff waren die anderen über ihn hergefallen ... Ach, er mochte gar nicht mehr daran denken. Wie oft waren seine Taschen durchwühlt worden, waren seine Schätze verschwunden. Nein, dahin nicht mehr. Nie wieder. Dann lieber wieder raus. Raus in den Wald. Raus in die Freiheit.

Sein Knie tat weh, erinnerte ihn an seine schwierige Lage. Das verdammte Bein spielte nicht mit. Und dieser Typ mit seiner aufreizenden Geduld hatte Recht. Natürlich durfte er sein Bein noch nicht belasten, brauchte Ruhe und Schutz. Trotzdem taten die Vorschläge weh. Pias hasste Menschen, die gute Ratschläge gaben. Er war lange genug Soldat gewesen und wusste, was zu tun war. Er wollte endlich wieder allein sein.

»Wo wollen Sie bleiben? Sie können so nicht auf Trebe gehen. Sie dürfen Ihr Bein noch nicht belasten.« Die Stimme kam nur ganz verschwommen an. Pias nahm sie kaum noch wahr. Der Psychologe war verschwunden. Nur seine Stimme war noch zu hören. Dafür erschienen neue Bilder. Nein, es waren alte, uralte, wohl bekannte Bilder. Bilder einer tausendmal erlebten alten Geschichte. »Nein!«, schrie Pias. Er wusste, was jetzt kam. Widerstand war zwecklos. »Nein! Nicht, lasst sie los, das ist meine Schwester ...!« Die Wände verschwanden, das Zimmer löste sich auf. Leere umgab ihn. Kein Mensch war mehr zu sehen. Wohltuende Einsamkeit.

»Pias, was ist! Wo bist du? Pias, wach auf! Hör auf zu spinnen!« Er blickte müde nach oben. So eine laute Stimme. Wie auf dem Kasernenhof. Das hatte er diesem Psycho-Heini gar nicht zugetraut. »Was ist, Pias? Was ist mit deiner Schwester? Was haben die mit deiner Schwester gemacht?« Die eindringlichen Fragen erreichten ihr Ziel nicht mehr. Da waren keine Menschen mehr im Raum, keine Worte. Nur noch Geräusche, hässliche Geräusche. Pias zog den Kopf ein und hielt sich die Ohren zu. »Das ging doch alles durch mich durch.« Pias' Stimme wurde leise: »Der Strom, das alles, das ging alles durch mich durch ...« Er sprach nur noch zu sich selbst. Angst lag in seiner Stimme, Enttäuschung und unendlicher Schmerz.

Dann stand er auf, stand einfach auf und ging. Und nichts und niemand konnte ihn mehr aufhalten.

Aufregung

Luise liefen zwei Tränen über die Wange, die sie sofort wegwischte. Überall Verrat. Sie fühlte sich einsam und beschissen. Pias in der Psychiatrie. So ein Schwachsinn. Bilder von *Einer flog übers Kuckucksnest* kamen ihr in den Sinn, Jack Nickolson und der riesige Indianer. Ein ganzes Waschbecken flog durch die Wand und dann ab in die Freiheit. »So ist die Psychiatrie heute nicht mehr«, hatte Sofies Mutter nach dem Kino zu ihr und Sofie gemeint. Vielleicht würden sie Pias ja einfach nur pflegen, ihn nicht einsperren, ihm einfach nur Zeit lassen, bis sein Bein wieder gesund war. Immerhin hatten die in der Psychiatrie ja zu Sylvester keinen Hochbetrieb wie in der Chirurgie, nur weil blöde Jungen nicht mit Knallern umgehen können. Luise dachte an Niklas, der nur mit Mühe von seiner Spezial-Knallerei abzubringen gewesen war.

Langsam kam sie wieder zur Ruhe. Als sie am Bahnhof ankam, war es elf Uhr. Die nächste Bahn kam in zehn Minuten. Noch zur Schule? Und irgendeine Entschuldigung ausdenken? »Hab mich nicht wohl gefühlt, hatte Kopfschmerzen ...«, Luise entschied sich, schon mal zu Sofie zu fahren und dort zu warten. Vielleicht war ja auch die Mutter da.

Luise hatte Glück, als sie ankam. Sie klingelte mehr aus Gewohnheit und wollte sich dann schon auf der Treppe niederlassen, um zu warten, da ging die Tür auf. Sofies Mutter war sichtlich überrascht: »Nanu, nicht in der Schule?«

»Pias ist schon wieder weg«, Luises Stimme zitterte leicht.

»Na, komm erst mal rein. Ich bin gerade erst aufgestanden, habe heute frei.« Sofies Mutter schob sie in die Küche. Mit einem Becher Kaffee in der Hand erzählte Luise, was sie wusste.

Zwar war Sofies Mutter auch erstaunt über die Verlegung, versuchte Luise aber zu beruhigen: »Es geht um meine Klinik, in der ich arbeite. Ich arbeite zwar nicht in der Psychiatrie, aber ich rufe gleich auf Station an und frage, ob Pias da ist.«

Sie ging in der Diele zum Telefon und kam mit ihrem Anruf auch gleich durch. Luise hörte, wie sie sich nach Pias erkundigte, dann aufgeregte Satzfetzen und halbe Fragen: »Das kann doch nicht sein ... Wie ist denn das möglich ...? Ihr mit euren blöden Kameras, hab ich doch gleich gesagt, dass die mehr schaden als nutzen ...« Luise war aufgestanden, blickte Sofies Mutter an, die aufgeregt gestikulierte – und verstand gar nichts. Dann knallte der Hörer auf die Gabel.

Frau Neumann, so hieß Sofies Mutter, ging Richtung Küche, nahm aber nicht wieder Platz, sondern lehnte gegen den Türrahmen und atmete schwer. »Pias ist nur zwei Tage geblieben, ist schon vor drei Tagen wieder abgehauen.«

Luise stöhnte auf: »Oh, nein! Wieso das denn?«

»Es gab einen Zwischenfall mit einer manischen Patientin. Außerdem hat Pias sich über die Kameras auf der Station mächtig aufgeregt.«

»Was für Kameras?«

»Nach der Renovierung wurden in allen Räumen Kameras installiert – zur Überwachung.« Sofies Mutter versuchte sachlich zu schildern. Luise sah sie fassungslos an. Sie stellte sich Pias vor in Räumen, die ständig per Video überwacht wurden. »Alle Räume ...?«

Als Frau Neumann nickte, sagte Luise in eisigem Ton: »So stelle ich mir Knast vor!«

Sofies Mutter nickte noch einmal und sagte, nun nicht mehr aufgeregt, sondern eher resigniert und müde: »Ja, ich habe davor auch immer gewarnt. Wenn man sich Sorgen macht um jemanden, muss man halt hingehen und nachsehen – oder besser noch gleich dabeibleiben. Mit Kameras zu beobachten ist absurd.«

Beide waren sich einig, dass so jemand wie Pias das nicht aushalten konnte. Auch ohne manische Patientin nicht. Luise wollte jetzt trotzdem genau wissen, was passiert war: »Was ist eine Manie?«

Frau Neumann versuchte zu erklären: »In einer Manie sind Menschen überdreht, sozusagen ›über dem Strich‹, reden dauernd, sind dauernd in Bewegung, fangen alles Mögliche an, ohne etwas zu Ende zu bringen. Sie spüren die eigenen Grenzen nicht – körperlich und seelisch – und die von anderen irgendwann auch nicht.« Luise dachte an einen Freund, der mal Aufputschmittel genommen hatte, aber auch der Zustand nach dem Einwerfen von Pillen fiel ihr ein. Frau Neumann fuhr fort: »Irgendwann kommt dann die totale Erschöpfung und meist auch eine tiefe Depression. Die meisten kennen beides, sind manisch-depressiv. In den Phasen dazwischen leben sie meistens sehr ordentlich und sind sehr bedacht, um bei niemandem anzuecken. In der Manie kommt dann die andere Seite zu Tage.«

Beide schwiegen eine Weile. Aber Frau Neumann war noch nicht fertig: »Keiner hat sich wirklich Gedanken gemacht. So sieht das aus, wenn man die Sorge den Kameras überlässt.« Sie hatte sich in Rage geredet und zuerst gar nicht bemerkt, dass Luise ihr Gesicht in den Händen verborgen hatte und lautlos vor sich hin schluchzte. Sie legte ihr die Hand auf die Schultern.

»Wo geht er denn jetzt hin? Er kann doch noch gar nicht richtig auftreten ...« Sofies Mutter wusste auch keine Antwort, versuchte dennoch zu beruhigen: »So, wie ihr Pias schildert, wird er irgendeinen Weg finden.«

Beide überlegten noch eine Zeit lang hin und her. Luise wollte zur Villa gehen, doch eigentlich war sie sicher, dass Pias dort nicht sein würde, jetzt jedenfalls noch nicht. Ob er in dieser Lage vielleicht doch seine Ex-Frau oder seine Tochter aufsuchen würde? Aber wie sollten sie die ausfindig machen ...

Luise blieb, bis Sofie nach Hause kam. Per Telefon verständigten sie Anton und Niklas.

Auf der Flucht

Pias hinkte die Krankenhausallee entlang. Er fluchte wild gestikulierend vor sich hin. Alles war aufgerissen. Das Bein tat weh. Aber der Hauptschmerz lag innen. Oder war es eher Wut, die ihn vorantrieb? Pias wieder auf der Flucht. Tief sog er die kalte Luft ein. Grimmig stellte er fest, dass er sich auch erleichtert fühlte. Nicht mehr eingesperrt! Niemand, der ihn beobachten konnte. Jedenfalls nicht, ohne dass er es merkte. Ihn, den Spisazer-Jäger heimlich beobachten ... Ha! Scheiß-Psychiatrie! Pias fühlte sich bestätigt. Er hatte geahnt, dass da nichts Gutes bei rauskam. Pias in der Psychiatrie? Das konnte nicht gut gehen.

Ein einziges Mal in seinem Leben hatte er eine solche Klinik aufgesucht. Doch das war lange her. Damals hatte er gerade vier Monate im Wald von Ludwigslust verbracht, sich nur von Wurzeln und Beeren ernährt. Damals, als alles endgültig verloren schien: Arbeit, Frau, Kind, Wohnung und Kaninchen. Damals war er abgemagert in der Bahn zusammengeklappt. Ein Arzt hatte ihn untersucht und dann in ein Krankenhaus geschickt. Dass es sich um eine psychiatrische Klinik handelte, hatte er erst bemerkt, als er stundenlang im Flur vor der Aufnahmestation warten musste: jede Menge aufgeregter Menschen um ihn herum, eine merkwürdige Hektik. Einige mokierten sich über den Gestank, der von ihm ausging. Doch so richtig Notiz nahm niemand ...

Dann war er wieder gegangen.

Gestank? Pias schaute an sich herunter. Sein Gesicht verzog sich zu einem Grinsen: Na, das hatte die Klinik wenigstens gebracht. Sauber war er. Pias blieb an einem Schaufenster stehen und ertappte sich dabei, dass er sich ein wenig drehte, um den grauen Haarschopf besser sehen zu können, der hinten zusammengebunden war und ohne Bart nun sehr gut zur Geltung kam. »Da werde ich auf meine alten Tage noch ein eitler Gockel!«, amüsierte er sich über sich selbst.

Wohin sollte er gehen? Zur Villa konnte und wollte er nicht. Angst und Wut saßen zu tief. Solange der Kerl frei herumlief, wollte er nicht wieder dorthin zurück. Nicht dass er wirklich Angst hatte, der Kerl könne wieder auftauchen. Es war mehr so ein Gelübde, ein Schwur. Zur Villa erst wieder, wenn er den Kerl gestellt hatte, zumindest wusste, wer es war.

Wohin? Wieder in den Wald nach Ludwigslust? Abtauchen und hungern? Nein, er wollte nicht zurück in die Vergangenheit. Er hatte sich verändert. So einsam wie damals war er nicht mehr und so verzweifelt auch nicht. Seine Ex-Frau hatte er vom Krankenhaus aus angerufen und sie hatte ihn besucht. Immerhin. Aber dorthin konnte er nicht, er wollte sie nicht belasten. Zu seiner Tochter? Nein, nicht in diesem Zustand; erst musste er wieder fit sein.

So verloren wie damals in Ludwigslust war er nicht. Nicht umsonst hatte er seine Depots angelegt. So machte er sich auf den Weg. Er wählte ein Depot auf neutralem Gelände, in der Nähe zwar, aber doch weit genug weg von der Villa und der Klinik. Mit dem Krückstock aus der Klinik kam er besser voran als gedacht. Der Schlag der Frau hatte zwar weh getan, doch das Gelenk funktionierte.

Als er ankam, vergewisserte er sich, was vorhanden war, und füllte das Depot mit einigen Lebensmitteln aus der Klinik auf. Mit Zeitungen isolierte er sein Lager neu. Dann zog er eine Leine, die längs über das Lager gespannt war, nach und breitete eine Plastikplane darüber. Zeitungen reichten diesmal nicht. Er rechnete mit einem Aufenthalt von drei Tagen. Schließlich eine dicke Schicht Zweige. Um diese Zeit kam hier zwar selten jemand vorbei, aber man konnte nie wissen.

Als alles fertig war, verkroch er sich wie ein Tier zum Winterschlaf. Kaum lag er, fiel er in einen tiefen Schlag.

Die meiste Zeit lag und schlief er, zwischendurch holte er sich etwas zu essen oder zu trinken aus dem Depot. Nach drei Tagen verließ er den Wald, ging zur Polizei und erstattete Anzeige. Anschließend verschwand er aus der Stadt. Ein Hinweis auf den Kirchentag in Leipzig genügte. Kirchentage bedeuteten billig zu übernachten, günstig essen und trinken. Und wenn was mit dem Bein war, würde er schon jemanden finden, der ihm half.

Verrücktheit

Pias tauchte nicht wieder auf. Nicht am nächsten Tag, nicht in der nächsten oder übernächsten Woche. Nicht in der Villa oder sonst irgendwo. Abwechselnd waren sie vor der Schule in der Villa gewesen, um Pias auf keinen Fall zu verpassen. Doch er blieb verschwunden. Alle erdenklichen Stellen hatten sie angerufen: Polizei, Notambulanzen, Unterkünfte für Obdachlose.

Ein paar Tage später überraschte Frau Graf die Klasse damit, dass es in der nächsten Religionsstunde um das Thema »Psychische Krankheit und Besonderheit« gehen würde. Die Ankündigung löste jede Menge blöder Witze aus. Fritz, der die Rolle des Klassenclowns innehatte und auch zäh verteidigte, war kaum zu halten: »Eine ganze Stunde über Anton reden, ist das nicht etwas übertrieben?«

Anton sah ihn nur genervt von der Seite an und erwiderte gar nichts.

Fritz verzog das Gesicht zu einer dümmlichen Grimasse und machte bizarre Bewegungen, zuckte und zappelte auf seinem Stuhl herum. Frau Graf ließ ihn kurz gewähren, meinte dann aber trocken: »Solche Faxen wie du machen nur ›Normalos‹, die verrückt spielen, dafür sind psychotische Menschen viel zu feinfühlig.«

Anton blickte zu Sofie, die ihm am nächsten saß. Mannomann, die Gräfin legte ja los.

Doch Frau Graf hatte sich genauso schnell beruhigt, wie Fritz verstummt war, und gab bekannt, was sie vorhatte. Sie kündigte einen Film an, gab eine Literaturempfehlung und meinte dann: »Aber als Erstes werden wir darüber sprechen, was ihr schon wisst über Verrücktheit oder – wie die Fachleute sagen – über Psychosen.«

Die Antworten kamen nur spärlich: »Verrückte sind gefährlich«, »Psychosen werden vererbt«, »Psychotiker sind verrückt, reden sinnloses Zeug«, »Psychisch Kranke gehören in eine psychiatrische Klinik«. So und ähnlich lauteten die Vermutungen. Doch so richtig Bescheid wusste niemand.

Dinge, die man an anderen Menschen für verrückt hält, fielen jedem ein. Aber immer, wenn Frau Graf kritisch nachfragte, wurde deutlich, dass die meisten Verrücktheiten nichts besonders Schlimmes waren. Frau Graf sprach von empfindsamen und dickfelligen Menschen und fragte die Klasse, woran man den Unterschied merke. Sie behauptete, dass es in jedem Leben Krisenzeiten gebe, in denen alles Gewohnte in Frage steht, neue, wichtige Entscheidungen anstehen, aber eine Orientierung vorübergehend kaum möglich ist. Das seien Zeiten, in denen besonders dünnhäutige Menschen auch verwirrt und verrückt werden könnten. Die Rede war von der Loslösung vom Elternhaus, der Bindung an einen Partner, der Geburt eines Kindes, von Trennungen durch Abschied oder Tod.

Anton war durcheinander: So viele Krisen, so viele Gelegenheiten, verrückt zu werden. Und alle lagen noch vor ihm. Nur das mit der Bindung an einen anderen, das leuchtete ihm nicht ein. Er wäre doch glücklich, wenn Sofie nicht immer so spröde wäre ... Andererseits war er doch oft auch verlegen, wenn sie mal allein waren.

»Kein Mensch kann solchen Krisen entgehen. Es bleibt uns gar nichts anderes übrig, als uns in diesen Phasen immer wieder neu zu suchen und zu finden. Man muss das eigene Bild von sich immer wieder überprüfen. An solchen Krisen wachsen wir, doch für manche Menschen bedeuten sie erst einmal tiefe Brüche.«

Am meisten Wert legte Frau Graf auf die Feststellung, dass Menschen in Psychosen nicht nur hilflose Opfer sind, die nichts mehr geregelt bekommen und immer nur Chaos verbreiten: »Manche Menschen wollen oder können nicht einfach so weiterleben wie immer und fangen dann an, merkwürdige Dinge zu tun. Für manche ist die Psychose sogar so eine Art Zuflucht, wenn sonst nichts mehr geht. Sie fangen ein anderes Leben an oder leben in einer Art Nische. Sie entwickeln dabei erstaunliche Fähigkeiten.«

Anton sah zu Sofie und sie erwiderte seinen Blick. Da klingelte es. Die Gräfin verteilte Handzettel zum Thema »Verrücktheit« und kündigte für das nächste Mal einen Film an. Dann packte sie ihre Sachen und ging.

Anton eilte zu Sofie: »Wenn das Letzte nicht auf Pias gemünzt war, fresse ich 'nen Besen.«

Sophie nickte.

Auch Luise und Niklas hatten an Pias gedacht, vor allem bei den letzten Sätzen. Keiner von ihnen konnte sich erinnern, der Gräfin von Pias erzählt zu haben. Nur Anton war unsicher, ob bei dem Gespräch über Luise nicht Pias' Name gefallen war. Doch darüber mochte er nicht sprechen. Gemeinsam gingen sie in die Pause.

Überraschungen

Anton war fasziniert von dem neuen Thema. Der Film, den sie sahen, handelte von einer Frau, die älter war als Pias. Sie hörte Stimmen, manchmal auch Geräusche von Flugzeugen – wie Pias. Erst am Schluss des Films klärte sich das Geheimnis auf: Die alte Dame, die Frau Graf als eine Art Künstlerin bezeichnete, hörte Stimmen, seit sie sieben Jahre alt war. Damals war sie als Kind auf der Flucht von den Eltern getrennt worden und in ein Kinderheim gekommen. Das Heim geriet zwischen die Fronten und kam unter Beschuss. Die Kinder mussten über Nacht in den Keller. Eines Nachts war das Mädchen ungehorsam und weigerte sich mit in den Keller zu gehen. In dieser Nacht wurde der Keller getroffen und alle Kinder kamen ums Leben.»Das Mädchen war verwirrt und begann zu spinnen. Seit dieser Zeit hört sie Stimmen. Diese Stimmen sind die Stimmen der Kinder. Sie hält sie am Leben in ihrer eigenen Welt«, erklärte Frau Graf.

»Muss sie nicht in die Klinik?«, fragte Anton.

»Manchmal hört sie metallene Stimmen. Das sind für sie die Stimmen der Flugzeuge und Bomben, die Stimmen des Krieges. Dieser Lärm ist dann so unerträglich, dass sie Hilfe braucht.«

Am Ende dieser Stunde brauchte die Gräfin besonders lange, um ihre Papiere und Materialien zusammenzupacken. Fast alle waren schon in der Pause. Nur Anton und Sofie waren noch da. Gerade wollten sie gehen, da winkte die Gräfin die beiden zu sich. Als sie etwas erstaunt näher traten, sagte sie ohne Umschweife: »Pias ist wieder da!«

Anton schüttelte den Kopf. Niklas war erst heute Morgen bei der Villa gewesen. Doch Frau Graf ließ ihn gar nicht erst zu Wort kommen: »Nicht in der Villa, bei mir!« Die beiden standen da wie vom Donner gerührt. »Sie kennen sich?«, wagte Sofie zu fragen. Doch die Gräfin schien gar nicht zugehört zu haben. »Könnt ihr um 14 Uhr bei mir sein – alle vier?«

Anton nickte und Frau Graf drückte ihm eine Visitenkarte in die Hand. Auf einmal schien sie es eilig zu haben, packte in Windeseile ihre Sachen und verschwand.

Anton und Sofie hatten es nun ebenfalls eilig. Was für eine Neuigkeit! Sie rannten raus und über den Schulhof, bis sie Luise und Niklas fanden.

»Pias ist bei Frau Graf!«, platzte Sofie sofort heraus.

»Hä?«, machte Niklas.

Luise atmete tief durch: »Wo? Können wir ihn besuchen?«

Anton drückte ihr die Karte in die Hand: »Um 14 Uhr sollen wir da sein.«

»Irgendwas ist da faul«, murmelte Niklas, »wieso taucht Pias bei der Gräfin auf?!« Für den Rest der Pause wurde heftig spekuliert.

Am Nachmittag trafen sich alle vier bei Anton, um gemeinsam zu Frau Graf zu radeln. Sie wohnte auf der anderen Seite des Wäldchens, noch hinter dem Hundeverein. Hier waren sie selten, war nicht ihr Revier. So fuhren sie gemeinsam, als gelte es Feindesland zu queren. Schließlich standen sie vor einem winzig kleinen Häuschen mit dem Klingelschild ANNE GRAF. Niklas blickte sich noch einmal um: »Zwischen diesem Häuschen und unserer Villa liegt nichts als Wald.« Er wusste selbst nicht, warum er das sagte, und klingelte.

Frau Graf öffnete, lächelte ungewohnt verlegen und winkte sie rein: »Schön, dass ihr da seid.«

Das Häuschen war wirklich klein: Kaum drinnen, war man fast schon wieder draußen. Hinter dem winzigen Flur und einem nicht viel größeren Wohnzimmer begann ein relativ geräumiger Wintergarten mit freiem Blick nach draußen. Hier saß Pias, eine Wolldecke über die Schultern, in einem Korbstuhl vor einem Kamin. Wortlos gab er allen vieren die Hand, als sie sich an ihm vorbeidrückten, um auf weiteren stehenden Korbstühlen Platz zu nehmen. Die Gräfin schenkte Tee ein und wies auf bereitliegende Decken. Den vieren fehlte plötzlich die Sprache.

»Pias lebt!«, brummte aber auch schon Pias zur Begrüßung und grinste breit.

»Was macht dein Bein?«, fragte Niklas jetzt.

»Geht wieder. War in Leipzig beim Kirchentag.« Damit war offenbar für Pias die Frage nach dem Verbleib in den letzten Wochen abschließend geklärt.

Alle wirkten unsicher, auch Frau Graf. Nach all diesen Wirren nun einfach mit Pias um einen Couchtisch herum zu sitzen war nun doch etwas merkwürdig. So plätscherte das Gespräch etwas mühsam dahin.

»Den Typen haben wir leider noch nicht aufspüren können«, sagte Niklas. »Anton und ich haben zwar einen blauen Kombi gefunden, der auch einen Kratzer hatte, aber der gehört einem alten Mann.«

»Ausgeliehen«, murmelte Pias.

In diesem Moment wagte sich Luise vor. »Ich glaube, ich weiß, wer es war.« Sie kramte kurz in der Tasche und hielt Pias ein Foto hin, offenbar das Bild einer Schulklasse, vielleicht bei der Abiturfeier. Alle hatten sich mächtig in Schale geschmissen: »Der neben dem Lehrer, der war's, oder?«

Die anderen verstanden gar nichts und beugten sich neugierig über das Foto.

Pias nahm das Foto, betrachtete es lange, nickte wieder und fragte dann nun doch etwas aufgeregter: »Woher kennst du ihn?«

»Er ist ein Freund von Leo. Ich habe herausgefunden, dass er manchmal den Kombi fährt. Der alte Mann wird wohl sein Vater sein.« Luise sprach leise und undeutlich. Sie war blass geworden, blasser noch als sonst. Sie hatte es geahnt und war nun doch tief erschrocken, dass ihr Verdacht stimmte.

»Und Leo?«, fragte Niklas.

Luise sah zu ihm, zuckte aber nur mit den Schultern. Hatte er die Typen auf Pias gehetzt?

Auch Pias blickte sie jetzt an. »Macht sich die Finger nicht dreckig.«

Niklas legte vorsichtig den Arm um Luise. Sie wehrte sich nicht. »Hast du schon Anzeige erstattet?«, fragte Anton Pias.

Der nickte: »Bisher nur gegen unbekannt. Bringt nichts ... Jetzt aber ... und wenn Luise zustimmt ...«

Statt einer Antwort rief Luise: »Dieses Schwein! Dieses gottverdammte Schwein!« Sie versank noch tiefer im Stuhl und Niklas drückte sie fester an sich.

»Sag nichts gegen Schweine«, murmelte Pias.

Das klang so ernst, dass Niklas und Anton sich ein Kichern nicht verkneifen konnten. Pias blickte mit blitzenden Augen so schelmisch zu Luise, dass er auf einmal ganz jung aussah.

Schließlich kicherte auch Luise: »Stimmt, so sind Schweine nicht.«

Fast ein Wunder

»Ich schmeiß mal eine Runde Berliner!« Frau Graf sprang auf und kam bald darauf mit einem vollen Tablett zurück. Mit Heißhunger fielen alle über den Kuchenberg her. Dazu gab es noch eine Runde Tee.

»Steht die Villa noch?«, fragte Pias in die Runde.

»Klar!«, antwortete Niklas, »alles beim Alten, nur unsere Musik ist viel besser geworden ...«

»Kommst du jetzt wieder?«, fragte Anton dazwischen. Er hatte jetzt keine Lust von irgendwelchen Schwärmereien über den bevorstehenden großen Auftritt zu hören.

»Jetzt ja.« Mit dieser knappen Antwort machte er klar, weshalb er zuletzt nicht mehr gekommen war.

Frau Graf setzte sich wieder und hielt jedem noch einmal das Tablett mit den Berlinern hin.

Sofie hatte die ganze Zeit kein Wort gesagt. Sie hatte mit Luise mitgelitten und sich gefreut, dass Pias wieder da war. Als sie einen Berliner nahm, fragte sie: »Woher kennen Sie sich eigentlich?«

Alle sahen sie erstaunt an. »Woher kennt wer wen?«, fragte Anton etwas begriffsstutzig.

Pias und Frau Graf sahen sich an. Pias verzog das Gesicht, sagte aber nichts. Frau Graf lächelte: »Wir kennen uns schon sehr lange.«

Sofie holte tief Luft, dann wagte sie es zu fragen: »Sie sind Pias' Tochter!«

Pias grinste immer noch. Doch Frau Graf antwortete klar und deutlich: »Ja, stimmt, aber woran hast du es gemerkt?«

Sofie überlegte einen Moment und meinte schließlich: »Zum ersten Mal kam mir der Gedanke, als wir im Unterricht das Thema ›Drogen‹ hatten. Sie sagten damals einen Satz, der auch von Pias hätte sein können.« Sie sah zur Gräfin und dann zu Pias. Dieses Mal antwortete Pias mit seiner gewohnt knorrigen Stimme: »Weiß schon: ›Menschen leben nicht artgerecht.‹«

Frau Graf nickte: »Ja, dieser Satz stammt von meinem Vater.«

Anton stimmte zu: »Das war mir damals auch aufgefallen; aber dass Sie beide verwandt sind, darauf wäre ich nicht gekommen.«

Sofie fuhr fort: »Dann hat mich gewundert, dass Sie das Thema ›Psychosen‹ so ausführlich behandelt haben. ›Alles nur wegen uns?‹, dachte ich, ›Gehört doch gar nicht zu Religion.‹«

»Religion hatte früher sehr viel damit zu tun, wenn Menschen ungewöhnlich waren, Stimmen hörten, Erscheinungen hatten. Denkt nur an Moses, die Jungfrau von Orleans, Hildegard von Bingen oder auch Jesus selbst!«

Da mischte sich Pias ein: »Ich hab ihn«, Pias zeigte auf Anton, »zu dir geschickt. Mit Drogen kennst du dich aus.«

Frau Graf nickte.

»Drogen?«, Luise sah zu Anton, dann zu Pias. »Wegen mir?« Sie wurde ein bisschen aufgebracht und sah zur Gräfin. »Daher das Gespräch beim Elternsprechtag! Das ist ja ein Hammer.«

Frau Graf berührte sie leicht am Arm. Pias brummte irgendetwas in seinen Bart.

Alle schwiegen einen Moment.

Luise war verlegen, wählte dann aber die Offensive: »Sie haben damals auch Drogen genommen, oder?«

Pias brummte wieder. Unbeteiligt drehte er sich zum Fenster.
»Nicht so, wie mein Vater dachte. Als ich so alt war wie du
oder ein bisschen älter, habe ich wohl mal was probiert, aber sehr
schnell wieder aufgehört. Er blieb aber misstrauisch.« Sie sah
ihren Vater an und fuhr dann fort: »Ich hab mich damals verändert, war weniger zu Hause, eigentlich nichts Besonderes in dem
Alter; doch mein Vater kam damit nicht zurecht, konnte sich das
nicht erklären ... Damals fingen seine Wahnvorstellungen an.«
Wieder machte sie eine Pause, schloss dann leise: »Das war
schrecklich, ... verstanden habe ich das alles erst viel später.«

Pias brummte wieder. Anton verstand irgendetwas mit »nicht
verlieren«.

Frau Graf schenkte Tee nach und holte noch eine Lage Kekse
aus der Küche. Einen Moment hingen alle ihren Gedanken nach,
ohne dass das Schweigen drückend wurde. Dann gab sich Anne
Graf plötzlich einen Ruck, drehte sich auf ihrem Stuhl, fasste ihren Vater an den Arm und fragte: »Hatte Tante Erika früher auch
mit Drogen zu tun?«

Pias schrak auf. »Nein! Nie! Bestimmt nicht, ich war doch
immer bei ihr.« Abrupt stand er auf, öffnete die Terrassentür und
verschwand im Garten.

Die vier sahen erschrocken zu Frau Graf. Luise sprang schon
auf, um ihm nachzugehen, doch Frau Graf hielt sie zurück und
meinte trocken: »Lass man, der kommt wieder.« Sie wies auf seine
Jacke und seinen kleinen Rucksack. »Ich glaube inzwischen, die
ganze Sache fing damals an. Mein Vater war etwas jünger als ihr
jetzt. Damals wurde seine ältere Schwester psychisch krank. Sie
muss sehr merkwürdige Sachen gemacht haben. Pias hing sehr
an ihr. Sie war sein Ein und Alles. Meine Großeltern waren we-

nig zu Hause. Mein Vater hielt sich an seiner Schwester fest. Er dackelte immer hinter ihr her, als er noch ganz klein war, und auch später zog er immer mit ihr mit. Als sie dann plötzlich krank wurde, brach für ihn eine Welt zusammen. Sein ganzer Halt.«

»Was wurde aus der Schwester?«, wollte Sofie wissen.

»Ich weiß nicht viel mehr, das ist alles lange her. Man kann auch mit ihm nicht darüber reden. Ihr habt's ja gemerkt. Sie kam jedenfalls in eine Anstalt. In diesen Anstalten nach dem Krieg ging es natürlich anders zu als heute. Mein Vater hat sie anfangs dort oft besucht. Ich glaube, das war sehr schrecklich für ihn. Auch in der Zeit nach dem Nationalsozialismus herrschten in den Anstalten noch furchtbare, menschenunwürdige Zustände. Seitdem hasst er Kliniken. Man kann mit ihm bis heute nicht darüber reden. Ihr habt's ja gemerkt.«

Anne Graf sah Pias zurückkommen und stockte unwillkürlich. Die Terrassentür wurde geöffnet. Pias trat ein, blieb aber am Fenster stehen. Sein Blick war nach draußen gerichtet, als er nun laut und deutlich, doch merkwürdig tonlos sagte: »Der Strom ging mitten durch mich durch.«

Alle sahen ihn an. Frau Graf versuchte zu erklären: »Die Schwester bekam Elektroschocks.«

Pias wiederholte: »Der Strom ging durch mich durch!« Niemand wagte ihn anzusprechen. Anton ging nur durch den Kopf: ›Ein irrer Typ. Kein Wort hat er von unserem Gespräch mitbekommen. Dann kommt er rein und trifft genau ins Schwarze.‹

Das Gespräch kam nun nicht mehr recht in Gang. Pias hing offenbar seinen Gedanken nach. Niemand mochte ihn stören. Niklas sah auf die Uhr. Luise hatte ohnehin das Gefühl, es sei längst mehr als genug gesagt. Sofie nahm sich vor, alle weiteren Fragen ihrer Mutter zu stellen. Sie wollte das Schweigen aber gerne auflösen und sagte: »Ich glaub, ich muss nach Haus. Vielleicht können wir ja noch mal wiederkommen.«

Doch Pias schien auf einmal gar nicht mehr so finster gestimmt: »Treffpunkt Anne, gute Idee!« Er zog umständlich seine

Jacke an und begann seinen Rucksack zu schnüren. Die anderen erhoben sich nun auch. Anne Graf begann das Geschirr auf das Tablett zu stellen. Da wandte sich ihr Vater noch einmal um und sagte: »Ich glaube, bald kann ich sie besuchen.«

Anne Graf stockte. »Wirklich?«, fragte sie ungläubig. Doch Pias brummte etwas, was unverständlich blieb, aber freundlich klang, trat in den Garten und verschwand in Richtung des angrenzenden Waldes.

»Wen meint er?«, fragte Niklas.

»Mein Vater und seine Schwester waren zuletzt völlig fremd miteinander. Er hat sie am Telefon sogar mit ›Sie‹ angesprochen. Wenn er sie wirklich besucht, wäre das wie ein Wunder.«

Generalprobe

Es wurde langsam Frühling. Die Tage waren schon deutlich länger und wärmer. Die ersten Krokusse blühten im Garten der Villa. Sofie und Luise saßen auf der Terrasse in der Sonne. Noch brauchte man dicke Pullover, aber man konnte schon ahnen, wie gemütlich es hier im Sommer werden würde. Die beiden genossen die Ruhe, innerlich wie äußerlich, auch wenn noch nicht alles wieder beim Alten war. Vor allem traute sich Sofie immer noch nicht so recht das leidige Thema Leo anzusprechen. Und was zwischen Luise und Niklas lief oder nicht lief, war aus beiden nicht herauszubekommen. Aber immerhin konnten sie wieder in Ruhe beieinander sitzen, ohne dass das Schweigen drückend oder peinlich wurde. Das war doch schon mal was. Die Ruhe war geradezu idyllisch. An das Rauschen der Autobahn im Hintergrund hatten sie sich längst gewöhnt.

In zwei Stunden würde hier der Bär los sein. Jedenfalls behauptete das Niklas. Gott und die Welt hatte er zur öffentlichen Probe eingeladen. Typisch Niklas. Aber die anderen waren einverstanden. Man konnte das wagen. Die Band hatte in der letzten Zeit deutliche Fortschritte gemacht. Nun stand der erste große Auftritt bevor. Ausgerechnet im »Strebergymnasium«. Ein Triumpf!

»Ob von den Lehrern jemand kommt?«, fragte Sophie.

»Ich glaube nicht. Frau Graf ist auf Klassenfahrt, und von den anderen kommt eh keiner«, antwortete Luise.

»Sag mal, hast du ihr eigentlich übel genommen, dass sie damals deine Mutter angesprochen hat?«

Damals! Nicht mal drei Monate war es her, dass sie im Häuschen von Frau Graf um den Couchtisch gesessen hatten.

»Ach, das war schon okay. Meine Mutter hatte sowieso Lunte gerochen. Aber was bringt das? Die haben mich beide eine Zeit lang voll gesülzt ...«

Sofie schaute die Freundin von der Seite an. Die war offenbar wieder ganz die Alte, schnoddrig und cool.

Luise fuhr fort. »Das mit Pias hat mich erschrocken. Dass die derart über Leichen gehen, hatte ich nicht gedacht.«

»Denkst du denn, dass Leo dahinter steckt?«

»Ach, lass mich doch mit dem in Ruhe! Mit dem hab ich nichts mehr zu tun.« Das klang nun eine Spur zu sicher, fand Sofie; aber sie mochte der Freundin nicht zu sehr auf die Pelle rücken. »Pias hat mir erzählt, dass er bei uns in der Villa weißes Pulver gefunden hat, richtig teures Zeug. Das hat er offenbar beseitigt. Vermutlich haben die ihn deshalb verprügelt.«

Sofie wusste davon bisher nichts. Die Vorstellung, dass auch andere die Villa genutzt hatten, war ihr unangenehm.«

»Bist du sicher, dass das stimmt?«

»Ich denke schon, aber ganz genau weiß man das bei Pias ja nie.«

In diesem Moment bogen die beiden Jungs um die Hausecke. Sie waren außen herumgegangen, hatten das Haus noch gar nicht betreten. Anton schleppte den Gesangsverstärker, den sie sich schließlich alle zusammen zu Weihnachten gewünscht hatten. Auch Luise hatte sich im Nachhinein noch eingeklinkt. Niklas transportierte einen Kanister mit Diesel für den Generator. Die vier begrüßten sich. Allen war das Lampenfieber anzumerken, obwohl der eigentliche Auftritt ja erst in drei Wochen sein sollte.

»Kommt dein Vater eigentlich auch?«, wollte Sofie von Niklas wissen und wies auf den Generator, den Niklas' Vater vor wenigen Wochen endlich angeschleppt hatte. ›Erst mal nur geliehen, bis ich ihn auf der nächsten Baustelle brauche‹, hatte er gesagt. Niklas warf das Gerät an und steckte das Stromkabel ein. Das Brummen der Maschine mischte sich mit dem Autolärm aus der Ferne.

»So kann uns niemand den Strom abstellen, nicht mal Pias«, ulkte Niklas.

»Wieso sollte er?«, protestierte Luise.

»Na, denk mal an den Auftritt im Strebergymnasium. Da sind wir in Feindesland ... Vielleicht sollten wir den Generator zum Auftritt mitnehmen, falls Pias mal wieder spinnt und auf Strommasten rumturnt.«

Luise lag es auf der Zunge, Pias zu verteidigen, doch dann merkte sie rechtzeitig, dass Niklas nur rumalberte. Sie verstanden sich schon wieder besser. Aber manchmal hakte es immer noch gewaltig.

Gemeinsam gingen sie ins Haus, um die Instrumente zu stimmen. Im »Gästezimmer« war ein Tapeziertisch aufgestellt und mit Getränken, Chips und Süßigkeiten gedeckt. Über dem Tisch hing eine Stoffbahn mit großen Buchstaben: *The Lunisants.*

»Sagt mal, wer kommt denn nun wirklich?«, fragte Anton in die Runde.

Sie überlegten gemeinsam und kamen auf insgesamt zehn Personen: Niklas' Vater, Sofies Mutter, Antons kleiner und Luises großer Bruder mit seiner Freundin, vier aus der Klasse und – Anton staunte – der Vorsitzende der Hundezüchter.

»Der hat früher selbst mal Schlagzeug gespielt«, erläuterte Niklas.

»Ach, das geht ja noch«, sagte Anton erleichtert und meinte die Größe des Publikums.

»Na, in drei Wochen musst du vor 300 Personen spielen«, gab Niklas an.

Die Gäste trudelten nun nach und nach ein. Und die *Lunisants* legten eine Vorführung hin, die alle begeisterte.

»Schade, dass Pias nicht da ist«, sagte Sofie zu Luise.

»Er hat gesagt: ›Mit dem neuen Verstärker seid ihr jetzt so laut, dass man euch bis tief in den Wald hinein hört.‹«

Nachtrag

Mit Luises Hilfe und Antons Zeugenaussage wird der Täter überführt und bestraft. Ob Leo beteiligt war, bleibt dunkel. Die Dealer im Hintergrund bleiben unentdeckt.

Luise probiert zwar noch eine Weile mit Pillen herum. Der Stoff aber, den Pias fand, war nicht von ihr. Mit Koks kommt sie nicht in Berührung. Leo taucht noch ein paarmal auf, doch Luises Faszination für ihn hat einen deutlichen Dämpfer erhalten.

Der Auftritt im »Strebergymnasium« wird ein voller Erfolg. Es gibt auch keine Stromunterbrechung.

Ob Niklas eine neue Freundin findet oder wieder mit Luise zusammenkommt und wann Anton und Sofie sich endlich eingestehen, ineinander verliebt zu sein, verrate ich nicht.

Pias kann sich vorstellen, seine Schwester zu besuchen. Bis es wirklich dazu kommt, geht noch etwas Zeit ins Land.

Nach insgesamt sechs Wintern erwägt Pias, doch noch mal zu riskieren eine kleine Wohnung zu beziehen. »Sie muss im Erdgeschoss liegen und einen separaten Eingang haben, sodass ich mich in die Tür legen kann«, sagt er. Wann er eine solche Wohnung findet und ob er dann wirklich einzieht, ist unsicher.

Die vier versprechen jedenfalls ihn zu besuchen. Er müsse sich ja auch in einer neuen Wohnung nicht immer aufhalten, sagen sie. Sein Zimmer in der Villa werde freigehalten. Doch niemand weiß, wie lange es die Villa noch geben wird ...

Anhang

Nachwort

Pias lebt ... wirklich! Die Hauptperson dieses Buches hat ein lebendes Vorbild: Gerd Kemme. Herrn Kemme habe ich im Rahmen meiner Arbeit kennen gelernt. Er kam zum Aufwärmen, zum Essen oder Kaffeetrinken. Er kam, um in Gesellschaft zu sein. Einige wenige Besucher der Ambulanz hatten wegen seines »wilden« Aussehens anfangs Angst vor ihm, die meisten mochten ihn bald wegen seiner Geradlinigkeit und Toleranz.

Herr Kemme war aber nie mein »Patient«, eher ein Gesprächspartner, in mancher Hinsicht auch ein Lehrer. So hat er mir beigebracht, Menschen ohne festen Wohnsitz mit weniger Vorurteilen zu begegnen. Vor allem aber, ihn zu verstehen oder zumindest doch zu ahnen, welche Erfahrungen ihn zu seinem »radikalen« Lebenswandel geführt haben. Doch das ist Gegenstand dieses Buches und soll nicht weiter kommentiert sein. Vieles von dem, was Pias in diesem Buch erlebt und was aus der Vergangenheit berichtet wird, ist wirklich passiert. Die Geschichte drum herum, vor allem die Geschichte der vier Jugendlichen sowie der anderen Personen, ist erfunden, hätte aber gut so passieren können.

Die Idee zu diesem Buch entstand nach dem beschriebenen Überfall – der meiner Ansicht nach geradezu nach Öffentlichkeit »schrie«. Ich habe eine Zeit lang gebraucht, die Idee umzusetzen, hatte anfangs Scheu, Herrn Kemme anzusprechen. Ich war sehr glücklich, als er, der wahre Pias, sein Einverständnis gab, die Hauptperson einer Jugendgeschichte nach seinem Vorbild zu gestalten. Ich glaube, er hat von Anfang an verstanden, was seine Lebensgeschichte Jugendlichen erzählen und bedeuten kann. Viele seiner Themen – Auflehnung, Ordnung, Bundeswehr, natürliche Lebensart, Drogen, Abstinenz, Eigensinn, Ehrlichkeit und Toleranz – beschäftigen auch Jugendliche. Seine Lebenserfahrung und das Geheimnis seiner Jugend sind spannend. Und so habe ich versucht die wahre und die erfundene Geschichte ineinander zu weben. Herr Kemme war beim Schreiben mein wichtigster Partner. Er hat Kapitel für Kapitel sorgfältig gegengelesen, hat manchmal bissig-ironische, manchmal wohlwollend-freundliche Anmerkungen gemacht. Ich war beeindruckt, wie gut er sich in die Welt der Jugendlichen einfühlen konnte. Gegen Ende der Geschichte war es für ihn sicher manchmal nicht leicht, mir zu folgen: Die Auflösung der Geschichte rückte ihm zunehmend nahe. Ich hoffe sehr, ihn nicht zu sehr bedrängt zu haben.

Unser beider Wunsch ist, dass nicht nur meine Vorurteile, sondern auch die der jugendlichen Leser ins Wanken geraten könnten. Pias, alias Herr Kemme, ist nicht »Penner« oder »Schizo«, sondern vor allem ein eigenwilliger Mensch mit einer beeindruckenden Geschichte.

Bedanken möchte ich mich noch bei meinen Kindern. Jakob, Lotta und Ike haben mich mit ihrer Neugier angetrieben, sie waren die ersten Leser und haben mit ihren Ideen geholfen. Weitere jugendliche Probeleser und -leserinnen hatten gute Ideen. Neben Herrn Kemme waren Ilse Eichenbrenner und Sabine Friebe meine wichtigsten erwachsenen Beraterinnen. Die Illustration auf Seite zwei stammt von Anne Karo. Erwähnen möchte ich noch, dass das Konzept des Buches in mancher Hinsicht dem der *Bettelkönigin* ähnelt. Dieses Buch von Irene Stratenwerth und mir ist schon (vor)lesbar ab acht Jahre.

Was bedeutet Verrücktheit?
Wie sind Psychosen zu verstehen?

Was mag auf dem Handzettel von Frau Graf gestanden haben? Ich weiß es nicht genau. Und natürlich genügen solche Zettel allein nicht, damit Jugendliche oder Erwachsene toleranter mit merkwürdigen, skurrilen oder verrückten Menschen umgehen. Dafür braucht es wohl ganze Bücher, überzeugende Geschichten oder persönliche Erfahrungen. Sonst hätte ich zum Beispiel dieses Buch gar nicht schreiben müssen. Trotzdem habe ich mir überlegt, was ich auf einen solchen Zettel schreiben würde. Was, denke ich, können und was sollten Jugendliche über Verrücktheit und über Psychosen wissen?

(1) Ver-rückt zu werden heißt zunächst wörtlich »aus der Realität herauszurücken«. Dafür kann es viele gute Gründe geben. Irgendetwas ist unaushaltbar geworden. Oder das eigene Bild von sich hält mit realen Veränderungen nicht Schritt. Zu ver-rücken ist in aller Regel vorübergehend und durchaus umkehrbar. Wie schnell eine Rückkehr möglich ist, hängt von vielen Faktoren ab: vom Alter, von den bisherigen Lebenserfahrungen, von der Tragfähigkeit der Beziehungen usw. »Psychose« ist ein medizinischer Ausdruck für denselben Vorgang, also für eine tiefe Wesensveränderung eines Menschen. Ob sich ein Mensch selbst dabei nur fremd wird oder sich auf einer anderen Ebene auch neu entdeckt, ist oft erst im Nachhinein zu spüren. In Psychosen kann vor allem die Stimmung extrem verändert sein, sodass der Mensch kaum wieder zu erkennen ist. Oder seine Art zu denken kann sich verändern, kann sprunghafter und bildhafter werden. Besonders oft ist die Wahrnehmung betroffen, d.h., es sind Bilder zu sehen, die andere nicht sehen, Stimmen oder Geräusche zu hören, die andere nicht hören. Und das alles ohne Alkohol oder Drogen.
Bei Pias kamen viele Gründe zusammen: Aktuelle Konflikte in

Arbeit und Familie mischten sich mit tiefen Verletzungen aus früherer Zeit. So ist das bei vielen Psychoseerfahrenen. Pias schildert seine Veränderung als relativ plötzlich. In dem Interview erzählt Herr Kemme von den zwei Wesensarten, die er in sich spürt. Um das deutlich zu machen, gibt er ihnen sogar Namen, spricht von Hans und Willi. Dass wir verschiedene Wesensarten in uns spüren, ist im Prinzip nichts Ungewöhnliches. Es entspricht in mancher Hinsicht unserer Zeit, dass wir mal so, mal so sein müssen und uns jeweils anzupassen versuchen. Vielleicht ist Herr Kemme einem besonders intensiven Spannungsfeld in sich ausgesetzt. Dabei erlebe ich ihn oft als kompromisslos radikal und ungeheuer ehrlich. So ist auch Pias, der ja nach seinem Vorbild geschaffen wurde, inzwischen aber längst ein Eigenleben bekommen hat. Vielleicht spüren Jugendliche diese Ehrlichkeit mehr als Erwachsene, sind schneller davon fasziniert.

Dass Pias in und durch seine Psychose viel verloren und viel Schmerzhaftes auszuhalten hat, wird in der Geschichte spürbar. Und vielleicht gehört das zu den meisten Psychosen dazu, jedenfalls solange wir noch so angstvoll und misstrauisch mit Menschen wie Pias umgehen. Trotzdem sehe ich Pias nicht in erster Linie als einen Menschen, der dabei ist, sich zu verlieren, sondern als einen, der dabei ist, sich zu suchen und zu finden.

(2) Jede Psychose ist anders, so wie jeder Traum anders ist. Und wie in Träumen kommen auch in Psychosen geheime Wünsche und Ängste zum Ausdruck.
Pias ist ein Original. Noch so jemanden wie Pias – mit der gleichen Art zu leben, zu reden und zu spinnen – gibt es auf der ganzen Welt nicht.

Dass bei Pias Ängste eine Rolle spielen, liegt auf der Hand. Er hatte Angst, seine Tochter zu verlieren, und verlor sie dann erst recht. Sicher hat er auch bei der Bundeswehr manchmal Angst gehabt. Und eine tiefe Angst stammt noch aus der Zeit, als seine Schwester in eine psychiatrische Klinik kam und dort nach heute völlig überholten Mustern behandelt wurde – die Schwester, die für ihn bis dahin ein wichtiger Halt war.

Aber Wünsche? Kann man sich wünschen, so zu leben? Pias hat wie sein Vorbild, Herr Kemme, einen unbändigen Freiheitswillen. Beide träumen davon, Menschen könnten wieder artgerecht leben, wie die Tiere – was immer das heißen mag. Herr Kemme hat einmal zu mir gesagt, er könne in seine Träume hineingehen. Davon bin ich überzeugt. Manchmal findet er nicht so schnell wieder heraus und in die Realität zurück. Aber träumen kann er. Und Psychosen sind mit Träumen vergleichbar. Mit Hilfe seiner Träume hat jeder eine Ahnung, wie sich Psychosen anfühlen können, mit dem wichtigen Unterschied allerdings, dass man beim Träumen durch den Schlaf geschützt ist. In einer Psychose weiß man hingegen nicht sicher, wann man wieder »aufwacht«.

(3) Psychotisch zu werden ist in jedem Menschen angelegt. Menschen können an sich zweifeln und verzweifeln, über sich hinaus denken und sich dabei verlieren. Tiere können das nicht.
Verrückt zu werden, eine besondere menschliche Eigenart? Pias, der sich wie ein verwundetes Tier zurückzieht, wie zum Winterschlaf eingräbt, den es immer wieder in die Natur zieht, ist ein besonders empfindlicher Mensch. Ob Tiere wirklich nicht in diesem Sinne verrückt werden können, weiß ich nicht genau. Aber sicher ist, dass Tiere nach klaren Gesetzen leben. Das eine frisst das andere. Hunger ist Hunger, Kampf ist Kampf. Oben ist oben, unten ist unten. Da gibt es weniger Raum für Zweifel. Das Leben ist so und nicht anders. Ähnlich wie Tiere leben vielleicht noch kleine Kinder, selbstverständlich und im festen Rahmen. Später gibt es keinen klaren Rahmen, der einem schwierige Entscheidungen abnimmt.

Pias reagiert auf Lichtzeichen und fantasiert sich in ein System der Mafia. In einer unübersichtlich gewordenen Welt schafft er sich so neue Sicherheiten. Gleichzeitig zieht er sich von Situationen zurück, die ihn zu überfordern drohen. In mancher Hinsicht schätzt er die Lebensweise der Tiere. Doch zugleich hat er klare Wertvorstellungen, wie Menschen leben sollten. In seiner radikalen Art mahnt er uns, nicht nur zu konsumieren, lehnt Alkohol und Drogen ab. In früheren Zeiten hätte man ihn vielleicht für einen Propheten gehalten oder als Einsiedler verehrt. Er hätte nicht mit so viel Ablehnung zu rechnen wie heutzutage.

(4) In Psychosen sind Menschen extrem dünnhäutig. Die Haut wird durchlässig. Innen und Außen verschwimmen. Innere Konflikte können nach außen treten und Gestalt annehmen, können zur Fantasiestimme oder zum Fantasiebild werden. Das nennen Psychiater dann Halluzination. Umgekehrt können reale oder vorgestellte Bedrohungen von außen ohne Filter tief ins Innerste treffen. Das nennen Psychiater dann »paranoid«.

Solche Zustände der Durchlässigkeit kennt wahrscheinlich jeder. Doch nicht immer dauern sie so lange und werden nach außen so deutlich sichtbar wie etwa bei Pias. Bestimmte Bedrohungen treffen ihn ins Mark, zum Beispiel die Kameras in der Klinik. Psychiatrische Stationen sollten Orte der Zuflucht sein, nicht der Kontrolle. Sorge sollte persönlich spürbar sein; anonyme Beobachtung macht Angst. Manchen Patienten sind diese schrecklichen Kameras vielleicht egal. Pias aber reagiert darauf sehr sensibel.

Ein anderes Beispiel ist der Lärm in Kaufhäusern. Pias lehnt das Gedränge der Schnäppchenjäger, das Hetzen nach immer neuen Dingen ab. Es macht ihm Angst. Für Pias wächst daraus ein ohrenbetäubender Kriegslärm, der ihn hindert, den Laden zu betreten. Dass umgekehrt Erfahrungen aus früherer Zeit, die im Inneren gespeichert sind, unser Handeln prägen, gilt für jeden Menschen. Bei Pias wird das besonders deutlich. Die schreckliche Erfahrung, die er als kleiner Junge mit seiner Schwester machen musste, machte ihn sehr empfindlich, als die »Abnabelung« der Tochter in der Pubertät anstand. Die Erfahrung mit der Tochter wiederum lässt ihn genau spüren, was mit Luise los ist. Die verschiedenen Personen scheinen für Pias manchmal zu verschwimmen. Bei manchen psychoseerfahrenen Menschen werden die inneren Konflikte noch konkreter sichtbar und hörbar als bei Pias. Sie hören dann Stimmen, beispielsweise die der verstorbenen Mutter oder die eines verehrten Großvaters, oder sie sehen Bilder, die andere nicht sehen. Solche Erfahrungen können je nachdem ängstigend oder auch anregend sein. Zuerst einmal ist es sicher sehr verunsichernd, Dinge wahrzunehmen, die andere nicht wahrnehmen können. Und die Reaktion der Umgebung verstärkt oft noch diese Beunruhigung.

(5) Im psychotischen Zustand verändert sich auch das Zeitgefühl. Vergangenes und Gegenwärtiges kann sich mischen. Erinnerungen aus früherer Zeit, Erfahrungen aus der Gegenwart und Erwartungen an die Zukunft bilden dann eine undurchdringliche und verwirrende Einheit.

Auch das wird bei Pias gut sichtbar: Seine alten Geschichten, die nur noch in seinem Inneren spielten, werden plötzlich lebendig. Luise ist plötzlich nicht mehr Luise, sondern seine Tochter. Die Zeiten verschieben sich. Er taucht in die Vergangenheit, in seine Erinnerungen, sucht nach weißen Päckchen wie damals. Doch als sich seine Befürchtungen bewahrheiten, ist er in der Lage auf seine Art zu helfen. Seine Ratschläge an Anton sind brauchbar. Und auf seine eigensinnige Art kommt er besser mit Luise ins Gespräch als deren eifrige Lehrerin. Umgekehrt bin ich überzeugt davon, dass die Erfahrungen mit Luise Pias helfen seine alten Geschichten zu verarbeiten.

(6) Die meisten Menschen werden zu Zeiten psychotisch, die für jeden Menschen kritisch sind.
Darüber wird im Text ja ausführlich gesprochen. Wir machen im Leben ständig Veränderungen durch, müssen uns auf neue Dinge einstellen, auch uns selbst immer wieder neu entdecken.

Ich will hier nur ergänzen, dass es keinen Zweck hat, solche Krisen vermeiden zu wollen. Auch Menschen, die so dünnhäutig sind, dass sie in diesen Zeiten verrückt werden, können diese Krisen nicht wirklich vermeiden. Ihr Leben wäre sonst auch arg langweilig. Hilfreich ist sicher, in Krisen nicht allein zu sein. Man braucht einen guten Freund oder eine gute Freundin. Mitgefühl von einem lieben Menschen kann helfen Trennungen zu verarbeiten. Wahrscheinlich braucht man, schon um eine Liebesbeziehung »riskieren« zu können, einen guten Freund bzw. eine gute Freundin. Vielleicht ist das ein Punkt, an dem es Pias besonders schwer hat. Pias scheint keinen Freund zu haben. Und er vermeidet auch, sich mit irgendwelchen Therapeuten zu nahe einzulassen. Wahrscheinlich spielen seine schlechten Erfahrungen dabei eine Rolle. Sein großer Freiheitsdrang lässt ihn einen sehr eigensinnigen und manchmal einsamen Weg gehen.

(7) In mancher Hinsicht gleicht das Erleben in Psychosen der Wahrnehmung eines Kindes. Warum manche Erwachsene in Krisen auf diese Wahrnehmung zurückgreifen, mag manchmal unklar bleiben. Doch der Vergleich hilft, Psychoseerfahrene nicht so zu behandeln, als wären sie von einem anderen Stern.
Ein Kind im Alter von ungefähr zwei Jahren bezieht alles, was um es herum passiert, auf sich. Es sieht sich selbst als Nabel der Welt. Und wenn die Eltern sich streiten, glaubt es, daran schuld zu sein. Bei einem Kind sprechen wir von einem notwendigen Entwicklungsstudium. Wenn ein Erwachsener so denkt und fühlt, sprechen wir von einer Psychose. Das ist merkwürdig und erklärt nicht viel. Vielleicht sollten wir eher darüber nachdenken, warum jemand wieder so kindlich wird. Andererseits wird hier auch deutlich, dass wir alle die Möglichkeit, psychotisch zu werden, in uns tragen. Das könnte die Angst davor ein wenig mildern.

Was hilft in Psychosen?

(1) Das Wichtigste in Psychosen, so sagen viele Psychoseerfahrene, ist Ruhe, Zeit, Geborgenheit, Kontakt zur gewohnten Umgebung und Schutz vor allzu großen Anforderungen, ohne aber alle Verantwortung zu verlieren.
Pias zieht sich zurück. Ihm hilft das Alleinsein, die Natur. Er will andere Menschen nicht belasten, will sie schonen. Mit der Psychiatrie hat er schlechte Erfahrungen gemacht. Das eine Mal musste er so lange warten, bis er es leid war. Das andere Mal vertreiben ihn die Kameras und die merkwürdige Atmosphäre auf Station. Leider bieten die üblichen Aufnahmestationen psychiatrischer Abteilungen alles – nur nicht Ruhe und Geborgenheit. Die Station, auf der Herr Kemme war, hatte leider wirklich solche Überwachungskameras. Ich hoffe aber, nicht mehr lange. Persönliche Sorge und Geborgenheit sind nicht durch technische Kontrolle zu vermitteln.

Ich kenne Herrn Kemme, das Vorbild für Pias, von meiner Arbeit in einer psychiatrischen Ambulanz. Die Patienten kommen von zu Hause dorthin; sie führen ihr eigenes, selbstbestimmtes Leben und brauchen nur ab und zu Hilfe. Herr Kemme kommt vor allem, um etwas zu essen oder Kaffee zu trinken. Im Winter auch, um sich aufzuwärmen. Bei uns in der Ambulanz ist er manchmal gerne unter Menschen.

Ist das nun typisch? Brauchen Menschen in Psychosen nichts anderes als Kaffee, Kontakt und wohlwollende Gespräche?

(2) Viele Psychoseerfahrene brauchen darüber hinaus vor allem eine zuverlässige Person, die nicht zu nah und nicht zu fern ist, die wohlwollend ist, ohne viel zu wollen, die ohne allzu viel Angst begleitet und die Widersprüche, die in der Psychose aufbrechen, sortieren hilft. Oft ist es wichtig, hierfür eine neutrale Person zu haben, mit der man noch keine lange Geschichte verbindet. Eine

solche Person kann Psychotherapeut, Arzt, Psychologe, Pastor oder sonst jemand sein. Jedenfalls muss so ein Mensch einen langen Atem haben, über einen langen Zeitraum zur Verfügung stehen, mal häufiger, mal seltener.

Bei Herrn Kemme würde ich mich allerdings nicht als sein Therapeut bezeichnen. Wir sprechen ab und zu miteinander. Im Zusammenhang mit dem Buch auch öfter. Ich habe viel von ihm gelernt. Herr Kemme will auch mehr Hilfe nicht, das hat er uns mehr als einmal deutlich zu verstehen gegeben. Ich hoffe, dass er irgendwann doch mal wieder ein Dach über dem Kopf aushält, zumindest wenn es Winter ist und nachts sehr kalt wird. Ich wünsche ihm wieder eine eigene Wohnung – er wird ja schließlich auch nicht jünger.

(3) Die nächsten Familienangehörigen leisten allein durch ihr Dasein vieles. Oft wird die ganze Familie durch eine Psychose kräftig durcheinander gewirbelt. Dann ist es wichtig, sich auf die eigene Position als Vater, Mutter, Geschwister oder Kind zu besinnen. Denn wenn sich jemand in der Psychose vorübergehend selbst oder zumindest doch die Orientierung verliert, macht es keinen Sinn, wenn auf einmal alle anfangen, »selbstlos« zu handeln. Insofern ist eine Psychose eine Zeit, in der Grenzen neu bestimmt werden (müssen).

Wenn Pias sich zurückzieht, tut er es gründlich. Ähnlich mussten sich die Angehörigen von Pias sehr radikal zurückziehen, um sich zu schützen und um nicht mit in den Strudel gezogen zu werden. Pias betont, dass er seine Ex-Frau schonen muss und will. Der Kontakt zu seiner Tochter ist längst wieder hergestellt und zeitweilig sehr lebendig.

(4) Oft werden die Familien auch von den psychiatrischen Einrichtungen allein gelassen. Und wenn Eltern, Partner oder auch Kinder in solchen Krisen anfangen, die Aufgaben von Therapeuten zu übernehmen, hören sie auf Vater, Mutter, Sohn oder Toch-

ter zu sein. Das aber ist ein schlechter Tausch. Insofern muss es mehr Zusammenarbeit geben, mehr Erfahrungsaustausch zwischen den Psychoseerfahrenen selbst, den Familien und der Psychiatrie.

Diese Zusammenarbeit betrifft natürlich jede Familie einzeln und in je besonderer Weise. Hierfür muss die Psychiatrie noch viel lernen. Ein Ort, diese Zusammenarbeit zu üben, sind die so genannten Psychose-Seminare. Hier treffen sich Patienten, Angehörige und Therapeuten, um voneinander zu lernen. Herr Kemme ist oft dort und er ist für fremde Angehörige und Therapeuten in vieler Hinsicht sehr hilfreich.

(5) Bleibt schließlich noch die Frage, welche Aufgabe Psychopharmaka haben. Bleibt man bei dem Bild der Dünnhäutigkeit, dann können Medikamente eine Art künstlicher Mantel sein. Sie können beruhigen oder auch die Angst reduzieren helfen. Oft jedoch reduzieren sie nicht nur die bedrohlichen Gefühle, sondern auch die, die man gerne behalten möchte. Außerdem können sie verschiedene Nebenwirkungen haben. Wichtig ist also, ihren Einsatz genau zu planen und mit dem Patienten zu besprechen sowie die Dosis so niedrig wie möglich zu halten.

Pias lehnt Medikamente ab. Er begreift sich nicht als krank, die Frage, Medikamente einzunehmen oder nicht, stellt sich für ihn daher gar nicht. Er will nicht anders sein, als er ist; es gibt also keinen Grund, ihm Medikamente aufzudrängen. Er hat die schlimmste Zeit aus eigener Kraft überwunden. Und hat ungewöhnliche Wege gefunden sich zu beruhigen und wieder zu sich zu kommen. Sein Aufwand mag größer sein, sein Weg anstrengender. Manchmal habe ich auch bei Herrn Kemme Zweifel, frage mich, was er sich und anderen zumutet und ob es nicht auch einfacher ginge. Doch wer will sich anmaßen, richtig oder falsch zu bestimmen? Insofern war und ist Pias für mich lehrreich: Es gibt keinen anderen Weg, als den Eigen-Sinn zu suchen, anzuerkennen und zu unterstützen.

Worterklärungen

»Dug and cover« (engl.): auf deutsch ungefähr: »sich eingraben und bedecken«.

Generator: hier eine mit Diesel/Benzin betriebene Maschine, die Strom erzeugt.

»Koks«: eigentlich weiterverarbeitetes Produkt aus Braun- oder Steinkohle; hier aber für Kokain, aus den Blättern des Kokastrauches gewonnenes Rauschgift.

Mafia: im 18. Jahrhindert in Sizilien entstandene kriminelle Vereinigung zur illegalen Bereicherung, kontrolliert vor allem in Süditalien ganze Wirtschaftszweige, übt mit Gewalt Druck auf Staatsorgane wie Polizei, Verwaltung, Justiz aus. Inzwischen werden auch andere solche Vereinigungen »Mafia« genannt, auch wenn sie mit den ursprünglichen »Mafiosi« gar nichts zu tun haben.

Nitroglyzerin: geruchlose Flüssigkeit, die schon durch Stöße heftig explodiert; Sprengstoff.

»Pillen«: Hier sind nicht Medikamente gemeint, sondern »Pillen«, die kurzfristig die Stimmung verändern (etwa Ecstasy).

Psychiatrie: Teilgebiet der Medizin, das sich mit der Behandlung psychischer Störungen (z.B. Psychosen) befasst; Sammelbegriff für verschiedene Einrichtungen und Hilfen für psychisch erkrankte Menschen, dort arbeitet dann keineswegs nur medizinisches Personal (Ärzte, Pflegepersonal), sondern Menschen mit Berufen, die sich mehr auf die Stärken der Patienten und auf ihre gewohnte Umgebung beziehen (Psychologen, Sozialarbeiter, Kunst-Arbeitstherapeuten u.a.) Es gibt stationäre, ambulante und lebensnahe Psychiatrie.

Psychologie: Wissenschaft, die sich mit dem Verhalten des Menschen (u.U. auch von Tieren) befasst und die dem Verhalten zu Grunde liegenden Bedingungen untersucht.

Psychopharmaka: Gruppe von Medikamenten. Bei Psychosen

werden meist Neuroleptika eingesetzt, manchmal auch Beruhigungsmittel. Die erstgenannten sollen vor allem die so genannte Reizoffenheit mildern, also die Überflutung von äußerlichen Reizen dämmen, die letztgenannten vor allem Angst mildern. Diese Medikamente haben Nebenwirkungen. Sie müssen vorsichtig, in gemeinsamer Absprache und in möglichst niedriger Dosierung eingesetzt werden.

Psychose: Sammelbegriff für verschiedene Krankheitszustände, die mit der Störung unterschiedlicher psychischer Funktionen einhergehen: Zustand extremer Dünnhäutigkeit, wesentliche Veränderung der Stimmung und/oder der Wahrnehmungen (Sehen, Hören, Riechen), des Denkens (eher sprunghaft als logisch), manchmal auch der Sprache, zunächst einmal unabhängig von dem Einfluss von Alkohol oder Drogen.

Saboteur: jemand, der mit bewussten Aktionen oder passivem Widerstand einen politischen oder militärischen Gegner Schaden zufügt, z.B. wichtige Industrie- oder Militäranlagen zerstört.

Schwarzpulver: Schießpulver, leichtes Sprengmittel, besteht aus Kalisalpeter, Schwefel und Holzkohle, heute wegen starker Rückstandsbildung und Rauch als Sprengmittel nicht mehr gebräuchlich.

»Sonor«: eine Firma, die Musikinstrumente herstellt.

Interview mit Gerhard Kemme

Herr Kemme, manchmal sprechen Sie von zwei Seiten in sich, die durch die Psychose zum Ausdruck kommen. Wie meinen Sie das?
Ja, bis zum Jahre 1992 war ich ein vernunftgesteuerter Mensch. Ich hatte eine klare Vorstellung von der Welt. Vielleicht war ich sogar besonders ordentlich. Zum Beispiel konnte ich es als Lehrer nicht leiden, wenn an der Tafel unsauber gezeichnet wurde. Ich war jemand, der rechtwinklige Ecken liebte. Diesen Menschen, der ich war, könnte man Willi nennen. Willi war fest in der Realität verwurzelt. Der andere Mensch war Hans.

Hans sprach mit körpereigener Stimme. Er war mir nicht fremd. Eher sympathisch, mir zugewandt, aber er hatte einen anderen Überblick. Hans hat mir oft den Weg gewiesen bei meinen Wanderungen: »Jetzt links, jetzt rechts« usw. Der hat eine gute Intuition. Aber manchmal ist das, was er rät, auch nicht hundertprozentig sicher. Willi ist schon auch noch nötig. So kann es sein, dass Hans sagt: »Jetzt links.« Und Willi sagt: »O.k. links, aber sieh erst mal genau hin.« Und dann sehe ich genau hin und links ist 'ne ungesicherte Bahnlinie ...

Willi ist ein praktischer Mensch. Er glaubt nur, was er sieht. Er weiß, was getan werden muss und was nicht getan werden darf. Sein Wille regiert. Deshalb heißt er ja Willi. Willi ist vor allem mit sich selbst beschäftigt. Wenn Willi sich langweilt, sieht er fern.

Dann kommt ein anderer hinzu, den nenne ich Hans. Hans ist anders. Hans weiß den Weg, weil er ihn spürt. Er spürt, wo es langgeht. Auch im Dunkeln. Hans nimmt Gefahren wahr, ohne sie zu sehen. Das ist nachts im Wald wichtig. Hans ahnt die Wildschweine, noch bevor er sie hört. Hans umschließt Willi. Er lässt ihn leben, erdrückt ihn nicht. Willi geht nicht verloren, er ist genauso wichtig. Ohne ihn würde es nicht gehen. Aber Hans ist auch wichtig. Ohne ihn will ich nicht mehr leben. Willi denkt nur an sich, Hans denkt weiter. Hans ist eine Erweiterung von Willi.

Hans stellt Verbindungen zwischen anderen her, auch ohne dass die davon wissen oder ahnen. Willi lebt bequem, Hans sucht die Herausforderung. Willi liebt die Glotze. Hans hat Antennen in alle Richtungen. Willi denkt nicht viel nach. Hans kann gar nicht damit aufhören.

Hans war anfangs sehr streng. Er hat zum Beispiel bestimmt, was ich essen durfte und was nicht. Manchmal nur einen halben Apfel. Da war ein äußerst strenges Über-Ich, das aber nicht gesellschaftlich vermittelt war. Es war nur in mir verankert, tief in mir drin. Andererseits ging das Informationssystem weit über mich hinaus, vermittelte eine große Gewissheit: »Du darfst keinen Alkohol mehr trinken.« Das war eine glasklare Vorschrift.

Hans ist in einen größeren Zusammenhang eingebettet, der klebt nicht so sehr am biologischen Halt, hängt nicht unbedingt so sehr am nackten Leben. Der ist noch an mehr interessiert. Das Wirken von Hans war anfangs sehr radikal, war mit Depressionen und mit Stress verbunden, weil er über alles hinausging, was mir bisher in meiner Sozialisation wichtig war. Mit einer Ausnahme vielleicht: In der evangelischen Jugendarbeit bin ich etwas darauf vorbereitet worden, dass es noch etwas anderes als die unmittelbare Wirklichkeit gibt.

Können Sie schildern, wie die Psychose bei Ihnen begann?
Im Oktober 1992 vollzog sich eine tiefe Änderung meines Erlebens, wie ich das nie für möglich gehalten hatte. Vielleicht spielten dabei auch die Umweltgifte eine Rolle, mit denen ich damals zu tun hatte (Schwefeldioxyd). Vor allem aber hatte ich erhebliche finanzielle Probleme. Meine Frau war länger auf einem Lehrgang und teilte mir plötzlich per Telefon die Scheidung mit. Das ist brutal, so wichtige Dinge am Telefon abzumachen.

Ich wurde plötzlich ein anderer Mensch. Das Gebäude der Realität stürzte ein. Wie Zwiebelschalen bauten sich immer neue Vorstellungswelten auf. Die »Heroinwelt« bildete die erste Schale, doch die lockerte sich wieder und neue Strukturen bildeten sich aus. Aber das Grundvertrauen in die Realität war und blieb erschüttert. Die Psychose hat mich sehr empfindlich gemacht. Andererseits bin ich durch die Psychose aber auch gerüstet, habe besondere Sensoren zur Verfügung. Ich bin fast immer draußen, ziehe viel umher, kenne viele Gegenden. Die Landschaften haben eine unterschiedliche Ausstrahlung. In Schleswig-Holstein ist immer alles abgeriegelt. Alles ist abgegrenzt, man ist immer im Nahkampf mit dem Feind. Das ist anders als in Niedersachsen. Die Lüneburger Heide ist zum Beispiel großzügiger, freier.

Erst hatte ich noch diese Büroräume, sehr nackte nüchterne Räume, in denen ich lange Zeit Nachhilfe-Unterricht gab. Dann zog ich in den Wald bei Ludwigslust. Dort verbrachte ich zwei Monate, ohne Kontakt mit anderen Menschen, habe mich nur von dem ernährt, was ich im Wald fand.

Ein paarmal habe ich noch versucht, Jobs anzunehmen. Das ging sogar eine Zeit lang gut. Doch irgendwann kam dann auf dem Weg zur Arbeit ein Stopp. Außerdem ist es schwer, regelmäßig zu arbeiten, wenn man keine Wohnung hat. Das hängt alles zusammen. Wenn du keine Wohnung hast, geben sie dir auch keine Arbeit ...

Wie würden Sie einem Außenstehenden das Erleben in der Psychose beschreiben?
Es gab verschiedene Vorstellungen, die sich überlagerten, eben wie die Schalen einer Zwiebel:

Da war vor allem diese Vorstellung von den weißen Päckchen. Davon war ich völlig beherrscht, suchte ständig in den Sachen und an dem Fahrrad meiner Tochter. Und gerade mit diesem Gift ist das ja so eine Sache; das kann man schwer belegen oder widerlegen. Die Vorstellung hielt sich sehr hartnäckig.

Später bekam ich Signale, Fahrräder zu klauen. Ich war der Beschaffer der Mafia. Ich sammelte Fahrräder. Mit einer batteriebetriebenen Flex, die ich unter einer Decke versteckt hielt, habe ich hunderte von Fahrrädern »mobilisiert«. Ich habe die dann in einer bestimmten Hütte gesammelt. Da war der Umschlagplatz. Irgendwann kamen Kinder oder Jugendliche, manchmal auch Erwachsene aus der Nachbarschaft, die haben sich dann das eine oder andere Fahrrad mitgenommen. Das war für mich in Ordnung. Ich wollte sie nicht behalten, eher umverteilen. Für mich waren alle Normen aufgehoben. Ich habe sie zum Teil bewusst überschritten. Nur Gewalt habe ich nie angewendet. Gewaltsam wurde ich nie. Da galt meine eigene innerste Moral.

Nach Ludwigslust gab es noch andere Einflüsse: So haben mir bestimmte Lichtzeichen aus der Nachbarwohnung signalisiert, ob ich das Haus verlassen musste oder wieder betreten durfte. Zu dem Zeitpunkt hatte ich meine Wohnung noch eine kurze Zeit. Aber sie hatte kaum noch einen praktischen Wert, so stark waren die Einflüsse von außen, die bestimmten, was ich tat. Jetzt bin ich diese Einflüsse los. Jetzt lebe ich ja draußen.

Später bin ich in kalten Winternächten Strommasten hochgeklettert, um den Strom abzustellen. Das war ein Auftrag. Ich habe mich gewehrt. Es war ja schweinekalt. Ich wollte nicht hoch. Aber ich musste.

Am schlimmsten war das Ringen um die Badewanne. Ich sollte/ durfte mich nicht mehr waschen. Dabei wollte ich gerne in die Badewanne. Ich war ein sehr reinlicher Mensch. Als Kind und später auch als Soldat. Immer war es mir wichtig, sauber zu sein. Auf einmal hatten da gewaltige Mächte die Oberhand; die verboten, dass ich badete. Diesen Übergang muss man sich erst einmal vorstellen. Das waren gewaltige Schmerzen. Im Sommer konnte ich in Seen schwimmen. Aber warm zu baden, das war tabu.

Die Welt um mich herum war verkommen und verloren. Der Osten hielt noch, aber im Westen gab es nur noch ganz wenige Stützpunkte. Ich zog dann lieber nach Ludwigslust in den Wald. Mein Urvertrauen in andere Menschen war weg. Ich war urplötzlich nicht mehr derselbe. Habe zum Beispiel auch Farben viel intensiver gesehen.

Würden Sie sagen, dass die Psychose bei Ihnen zu Ende ist?
Die extremsten Vorstellungen dauerten genau ein Jahr, und zwar
von Oktober 1992 bis Oktober 1993. Wie es zu Ende ging? Ich
habe bestimmte Vorstellungen ausagiert, war ganz davon beherrscht, irgendwann haben sie nicht mehr getragen. Ich war ganz
abgemagert, habe mich nicht mehr gewaschen, wurde von Ge-
räuschen gehetzt.

Bis heute kommt es vor, dass mich Geräusche zurückschrecken lassen, zum Beispiel wenn ich etwas einkaufen will. Bei Aldi
ist es besonders stark.

In verschiedenen Parks bin ich hin und her gerannt wie die
Kugel in einem Flippergerät, wie ein Ball immer hin und her. Von
unsichtbaren Wänden wurde ich hin und her gestoßen.

Wie war der Übergang in die Obdachlosigkeit?
Zum Teil war ich noch in dem Gewerberaum, habe auch hin und
wieder gejobbt bei einer Zeitarbeitsfirma (meine Frau drängte
mich dazu). Aber die beiden Zimmer waren so gut wie leer. Keine Heizung. Die Fenster waren immer auf. Ich konnte mich auch
nicht mehr hinsetzen. Die Wohnung wurde so immer bedeutungs-
loser. Und wenn ich sie mal verließ, hatte ich große Schwierig-
keiten zurückzukehren. Da war die Obdachlosigkeit eine logi-
sche Konsequenz.

Wie war es für Sie, plötzlich draußen zu leben?
Das war hart, verdammt hart. (Er singt plötzlich vor sich hin:
»Werde ich nass, werde ich auch wieder trocken, werde ich nass,
werde ich auch wieder trocken.«)

Manchmal muss man sich immer wieder Mut machen. Dann
gibt es immer wieder Aggressionen. Menschen. Menschen mit
Hunden. Da kommt zum Beispiel ein Alkoholiker, der gerade acht
Stunden seinen Hund mit in der Kneipe hatte. Beide sind im Grunde aggressiv.

Eigentlich gibt es Aggressionen überall, auch im Büro. Was

glaubst du, was so eine Sekretärin alles aushalten muss. Das habe ich mitbekommen, wenn ich da meine Strippen (als Elektriker) gezogen habe ... Vielleicht ist es da im Wald sogar noch sicherer.

Können Sie sich vorstellen, wieder in einem Haus zu leben?
Gegenfrage: Kannst du dir vorstellen, wie ich draußen zu leben ... Stell dir eine Gesellschaft vor, in der alle draußen leben. Wenn da auf einmal einer anfängt, sich ein Haus zu bauen, was meinst du, wie viel Misstrauen dem begegnen würde. Ich habe kein Vertrauen in diese Gesellschaft. Außerdem ist da für mich gar kein Bequemlichkeitsgewinn.

Im Übrigen habe ich eine wichtige Aufgabe: Ich bin zuständig für das Aufrechterhalten der Fußwege zwischen dem Niendorfer Park und der Alster.

Ein Problem ist manchmal die Polizei. Stell dir vor, wenn du nachts auf einer menschenleeren Landstraße läufst. Nur Autos, keine Menschen. Plötzlich kommt ein Polizeiwagen. Zu 50 Prozent kannst du sicher sein, dass die Polizei anhält. Einfach nur so, einfach weil du auffällst. Das kommt denen ungeheuerlich vor ...

Ich habe gelernt zu überleben. Ich ernähre mich zur Not von Gras und von Heu. Man muss nur lange genug kauen und dann die Spreu ausspucken. Überleben zu können ist wichtig. Meine Eltern im Krieg mussten auch überleben ...

Welche Erfahrungen haben Sie mit der Psychiatrie?
Nach meinem Aufenthalt im Wald war ich ziemlich abgemagert. Auf dem Rückweg bin ich dann auch zusammengebrochen. Irgendjemand schickte mich dann in die Psychiatrie. Da habe ich auf dem Flur ein paar Leute getroffen. Aber man hat mich dort sehr lange warten lassen, wahrscheinlich weil ich so gestunken habe, da bin ich wieder gegangen.

Später war ich kurz auf einer geschlossenen Station. Nach dem Überfall konnte ich nicht länger auf der chirurgischen Station bleiben. Deshalb wurde ich in die Psychiatrie verlegt. Da ist kein

Schutz möglich. Eine Patientin drohte mir. Ich wollte nur zum Ausgang und humpelte zur Tür. Sie schrie mich an: »Ich schlage dir die Beine weg!« Da gibt es keinen Schutz. Draußen habe ich sechs Jahre gelebt, bis wirklich was passiert ist, den Überfall meine ich. Auf der Station war ich keine drei Tage. Daran siehst du schon, dass eine psychiatrische Klinik viel gefährlicher ist.

Dann diese Beobachtungsanlagen. Überall Video-Kameras. Stelle dir vor, da sitzt auf der einen Seite ein Pfleger in der Nacht vor dem Bildschirm. Er beobachtet eine Psychotikerin. Sie aber weiß nicht, ob er zusieht. Sie kann nie sicher, nie ganz für sich sein.

Sind Sie gerne allein?
Ich gehe allein. Ich bin Einzelgänger. Ich gehöre zu den Yedi-Rittern. Es gibt Leute, die finden auch in der Nacht jeden, den sie finden wollen. Dazu gehöre ich. Wenn ich »Platte mache«, findet mich keiner so schnell.

Und zur Not mache ich »Dug and cover«: Du gräbst eine Mulde, wo es sandig ist, dann kommen Zweige rein und dann Zeitung. Und oben drauf wieder Zeitung und zuletzt wieder Sand. Da bin ich auch für den erfahrensten Förster nicht mehr zu sehen.

Ich bin Einzelgänger. Mit dieser Gesellschaft komme ich nicht gut zurecht. Wenn ich zu Behörden muss – kommt ja vor –, komme ich zu 50 Prozent mit Tränen wieder raus ...

Ist das ein Erfolgserlebnis, draußen überleben zu können?
Das ist nicht das Feeling, das ich meine, nicht das richtige Wort. Wenn du mal eine große Sternschnuppe gesehen hast, so eine richtig große mit bläulicher, kalter Ausstrahlung, blau und kalt, nichts sonst. Einmal habe ich bisher so eine gesehen. Das ist ungefähr so, wie wenn du in einem Schneesturm bei minus 6 Grad irgendwo festsitzt. Da sitzt du da und kannst nichts machen. Du versuchst durch Reibung Wärme zu erzeugen. Das ist kein Erfolgserlebnis, sondern einfach nur kalt.

Mit welchen Gefahren haben Sie sonst so zu tun?
Im Wald können dir Wildschweine begegnen, aber die verfolgen dich nicht wie ein streunender Hund. Die stürmen auf dich los, reißen dir die Beine weg, knurren, hauen dich weg. Aber sie verfolgen dich nicht ... Mit Tieren habe ich viel Erfahrung. Das ist weniger gefährlich als im *Pik As*, wenn eine Horde alkoholisierter Leute einfällt. Ich selbst trinke ja nichts ... und dann fallen die über mich her, weil sie sich provoziert fühlen.

Wenn einer naiv flötend durch das Land geht, auf den schlagen die Mächte nicht so ein, aber wenn jemand wie ich philosophiert und sich über alles seine Gedanken macht ... Die Atome und all das haben mit jedem von uns zu tun. Ich mache mir Gedanken über die Welt, da bin ich mehr in Gefahr. Ich strahle was anderes aus. Für einen Hund ist das auch nicht anders: Was, du bist Vegetarier? Wir nicht! Du willst nur Körner fressen! Da sind stärkere Rückwirkungen, als ich von früher gewohnt bin.

Welche Bedeutung hatte die Psychose für Ihr Leben?
Tschüs machen. Transformation in eine neue Programmstruktur, wo immer noch alle Daten drinhängen. Ein Programm, dessen Daten sich gewandelt haben. Wie Zwiebelschalen. Von früher, von meinem früheren Programm sind da noch meine Frau, meine Tochter und meine Mutter. Abhängigkeiten und Rückwirkungen. Den Menschen von früher gegenüber muss ich vorsichtig sein. Ich will sie nicht hineinziehen in das Leben, das ich jetzt lebe. Wenn ich alles sage, was ich denke, habe ich zu viel Einfluss.

Haben Sie noch Kontakt zu Ihrer Tochter?
Sie wohnt nicht in Hamburg, hat in Prag Theologie studiert, kommt aber bald wieder. Ich sehe sie manchmal, habe sie sogar in Prag besucht. In ihrer Wohnung kann ich manchmal sogar übernachten, wenn alle Türen offen sind. Meine Tochter ist weniger naiv, aber sie kann jetzt nicht mehr so locker mit mir sprechen wie früher.

Was halten Sie von der Psychiatrie?
Die Psychiatrie ist eine gesellschaftliche Kraft, die bestimmte Dinge inszeniert. Eine Art Religionsgemeinschaft, bei der die Priester allein das Sagen haben. Die haben ihre eigene Sprache, ihre eigenen Gebräuche. Man soll gar nicht alles verstehen. Aber wie sollen die umgekehrt mich verstehen können?

Die Psychiatrie ist eine Art geschlossene Gesellschaft, eine Religionsgemeinschaft mit eigener Sprache, ja sogar mit einem eigenen Knast. Wenn du gegen bestimmte Regeln verstößt, dann landest du in einer Zelle und kommst nicht mehr raus.

Aber man kann Materie anzünden ...

Und die Erinnerung an die Schwester ...
Ich war 12 Jahre alt, als meine Schwester verrückt wurde, sie war damals 16. Ich war mit auf der Station, auf einer großen Station. Da waren sehr viele Menschen. Manche haben rumgeschrien. Viele lagen in ihren Betten. Eine Patientin hob gleich ihr Nachthemd hoch, als ich reinkam. Sie hatte ein vollkommen verändertes Gesicht. Meine Schwester bekam Elektroschocks. Der ganze Strom ist durch mich durchgegangen – so war mein Gefühl, als ich sie sah. An meiner Schwester habe ich gehangen, bin immer mitgegangen, war dabei, wenn sie mit den größeren Jungs zusammen war. Irgendwann durfte ich plötzlich nicht mehr dabei sein.

Ob als Bruder, Vater oder Ehemann – irgendwann kann man die Frauen nicht mehr verstehen, jedenfalls nicht mehr ganz.

Wie geht es weiter bei Ihnen? Suchen Sie sich irgendwann wieder eine Wohnung?
Wenn ich jetzt eine Wohnung hätte, müsste ich die Gefahr auf anderer Ebene suchen, müsste sie erhöhen, damit die Balance wieder stimmt. Wenn ich mich anpasse, schlagen die auf anderer Ebene sofort wieder zu.

Thomas Bock, Dr. habil., Dipl.-Psych., wurde 1954 im Rheinland geboren. Er studierte in Düsseldorf und Hamburg Psychologie, seitdem lebt er in der Nähe von Hamburg. Er ist verheiratet und hat drei Kinder. Lange schon arbeitet er an der Hamburger Universitätsklinik, seit sieben Jahren leitet er eine psychiatrische Ambulanz für Menschen mit Psychoseerfahrungen. Er hat einige Fachbücher verfasst (*Lichtjahre – Psychosen ohne Psychiatrie sowie Achterbahn der Gefühle. Leben mit Manie und Depression*), arbeitete bei einem Dokumentarfilm über das Stimmenhören mit und schrieb, gemeinsam mit der

Gerhard Kemme wurde 1948 geboren. Er absolvierte eine Elektromechanikerausbildung und war von 1969 bis 1977 Offizier auf Zeit. »Ich habe immer schon gerne mit Waffen gespielt, war gerne in der Natur. Jede Art Technik übte eine große Faszination auf mich aus«, sagt er. Drei Jahre lang war er Panzergrenadier in Lübeck und drei Jahre Panzergrenadier-Kanone in Bad Segeberg. Es schlossen sich eine Spezialausbildung zum »Spisazer« (Jäger für Spione, Saboteure und Zersetzer) und danach die Bundeswehr-Fachschule bis zur Hochschulreife an.

Es folgte ein Studium zum

Journalistin Irene Stratenwerth, das Kinderbuch *Die
Bettelkönigin*. Zusammen mit
Dorothea Buck, der Ehren-
präsidentin des Bundesver-
bandes der Psychiatrieer-
fahrenen, gründete er die
»Psychose-Seminare«.

Thomas Bock sagt über
sich: »Wenn ich nicht Psychologe geworden wäre, wäre ich
gerne Clown geworden. Je-
denfalls habe ich in schwieri-
gen Zeiten immer davon ge-
träumt. Doch dafür hätten
meine schauspielerischen Fähigkeiten sicher nicht gereicht.
Insofern ist es gut, dass das andere geklappt hat.«

Gewerbelehrer (Elektrik u.a.),
parallel Jobs als technischer
Zeichner, unter anderem für
Alarmanlagen. Das Referen-
dariat absolvierte er an einer
Gewerbeschule. Danach war
er acht Jahre lang selbst-
ständiger Nachhilfelehrer.

1973 heiratete er, ein Jahr
später wurde die Tochter geboren.

Die Psychose begann 1992.
Seit 1993 lebt er ohne festen
Wohnsitz.

Seit 1998 besucht Gerhard
Kemme gelegentlich die
psychiatrische Ambulanz, wo
er auch Thomas Bock kennen
lernte.

Lesetipp

Zwischen 5 und 7% der bundesdeutschen Kinder und Jugendlichen sind laut der deutschen Gesellschaft für Kinder- und Jugendpsychiatrie beratungs- und behandlungsbedürftig. Nach dem Verkehrsunfall ist der Suizid die zweithäufigste Todesursache für Jugendliche. Trotzdem werden seelische Nöte von den Familien und auch von den Jugendlichen selbst so lange wie möglich verschiegen. Nicht ohne Grund, denn Reaktionen der Art »Mit Verrückten will ich nichts zu tun haben«, wie sie z.B. die 16jährige Merle erlebt hat, möchte keiner erfahren. Trotzdem haben sich einige Jugendliche entschieden, sich mit ihren Ängsten, Depressionen, Suizidversuchen, Essstörungen und Drogenproblemen nicht länger zu verstecken, wie z.B. die 19-jährige Sandra:

»Ich sitze im Geschichtsunterricht, der Kurs besteht aus 27 Schülern, es ist das reinste Chaos. Die meisten interessieren sich für alles andere mehr als für den Unterricht, demnach ist es in der Klasse sehr unruhig und laut. Ich fühle mich eingeengt. Ich versuche, mich am Unterricht zu beteiligen, schließlich muss ich irgendwie an meine Punkte fürs Abi kommen, doch ich bin viel zu unruhig. Ich fange an, mit den Füßen zu trampeln. Am liebsten

Wenn die Seele überläuft
*Kinder und Jugendliche erleben
die Psychiatrie*
herausgegeben von
Marie-Luise Knopp und Klaus Napp
ISBN 3-88414-162-7, 4. Aufl. 2000
216 Seiten, 24,80 DM

würde ich jetzt schon wieder aus der Klasse laufen – aber ich darf nicht, ich muss es einfach schaffen. Alle erwarten von mir, dass ich die Schule schaffe. Es guckt mich jemand, wohl mehr aus Zufall, an. »Guck mich nicht an, ich bin nicht da«, ist mein einziger Gedanke. Ich halte mir die Augen zu, jetzt bin ich nicht da. Ich trampele mit den Füßen, ich will weg. Jetzt braucht es nur noch eine falsche Bemerkung, irgend etwas Unüberlegtes, nur so Dahergesagtes von einem Mitschüler zu kommen, was das Fass zum Überlaufen bringt. Und da kommt es auch schon. Ich fange an zu kreischen, immer nur »NEIN«. Das ist jetzt das einzige, was in meinem Kopf ist. Ich will nur noch raus aus dieser Klasse, diesem Chaos, dieser Enge ...«

Mit der Entlassung aus der Kinder- und Jugendpsychiatrie hat eine schwere Krise ein Ende gefunden, aber wie bewältigt man Probleme, wenn nicht gleich eine Therapeutin zur Seite steht? Geht man offen mit seiner Psychiatrie-Erfahrung um, schlägt einem übertriebene Vorsicht oder Zurückweisung entgegen. Gerade für den beruflichen Einstieg ist Schweigen viel zu oft die bessere Alternative.

Auf welche Weise junge Menschen über verschiedene Irrwege und Umwege doch noch ihren eigenen Weg gefunden haben, beschreiben sie in:

Irrwege, eigene Wege
Junge Menschen erzählen von
ihrem Leben nach der Psychiatrie
herausgegeben von
Marie-Luise Knopp u. BarbaraHeubach
ISBN 3-88414-238-0, 1. Aufl. 1999
200 Seiten, 24.80 DM

Edition Balance im Psychiatrie-Verlag,
Bonn, **www.psychiatrie.de/verlag**